Acquisition.com

$100 млн
Секретные Главы

Тайные сокровища из книг: $100МЛН Офферы,
$100МЛН Лиды и $100МЛН модели продаж

АЛЕКС ХОРМОЗИ

Оригинальное название:

$100M Series: LOST CHAPTERS
Lost Treasures from $100M Offers, $100M Leads, and $100M Money Models

Фотография, иллюстрации и макет: Алекс Хормози

Перевод с английского языка: Денис Селиван

Макет: Эндрю Селиван по макету Алекса Хормози

ОТКАЗ ОТ ОТВЕТСТВЕННОСТИ

Как и всегда, рекомендуется обращаться за советом и консультацией к компетентному специалисту в области права, налогообложения, бухгалтерского учёта, финансов или иных областей.

Любые заявления, выражающие или содержащие обсуждения прогнозов, целей, ожиданий, убеждений, планов, прогнозных оценок, задач, предположений или будущих событий либо результатов, не являются заявлениями об историческом факте и могут представлять собой «прогнозные заявления». Прогнозные заявления основаны на ожиданиях, оценках и прогнозах на момент их составления и включают в себя ряд рисков и неопределённостей, которые могут привести к тому, что фактические результаты или события будут существенно отличаться от предполагаемых в настоящее время.

Ведение бизнеса связано как с риском убытков, так и с возможностью получения прибыли. Любая предпринимательская деятельность сопряжена с риском, и все бизнес-решения остаются ответственностью самого предпринимателя. Автор, Bumble IP, LLC, Acquisition.com, LLC и их аффилированные лица (совместно именуемые в настоящем документе «Компания») не предоставляют никаких гарантий того, что стратегии, изложенные в данной книге, будут прибыльными или принесут выгоду вам или вашему бизнесу, и Компания не несёт ответственности за любые возможные бизнес-убытки, связанные с использованием этих стратегий.

Представители Компании являются профессионалами, и их результаты не являются типичными для среднестатистического человека. Образование, опыт, усилия и преданность делу со стороны отдельных лиц и владельцев бизнеса будут влиять на их общий результат. Любые примеры, приведённые в данной книге, носят исключительно иллюстративный характер и не являются гарантией возврата на вложенные средства или достижения каких-либо иных результатов. У каждого читателя результаты могут отличаться. Компания не гарантирует работу, эффективность или применимость каких-либо сайтов, упомянутых или указанных в данной книге. Все ссылки предоставлены исключительно в информационных целях и не содержат гарантии относительно содержания, точности или иных подразумеваемых или прямых целей. Вся информация, представленная в этой книге и касающаяся ведения бизнеса и бизнес-стратегий, предназначена исключительно для образовательных целей и не является конкретной гарантией успеха. Несмотря на то, что при подготовке данной книги были приняты разумные меры предосторожности, Компания не несёт ответственности за ошибки и/или упущения. Эта книга публикуется без каких-либо гарантий или заверений, явных или подразумеваемых. Компания не несёт ответственности за какие-либо убытки, возникшие прямо или косвенно в результате использования и/или неправильного использования данной книги. Читатели соглашаются освободить от ответственности и оградить Компанию, а также её участников, сотрудников, агентов, представителей, аффилированных лиц, дочерних компаний, правопреемников и назначенных лиц (совместно именуемых «Агенты») от любых претензий, обязательств, убытков, исков, расходов, упущенной выгоды, упущенных возможностей, косвенных, специальных, случайных, последующих, штрафных или любых иных убытков и издержек (включая, помимо прочего, судебные расходы и гонорары адвокатов). Убытки, предъявленных к Агентам, возникших у Агентов, наложенных на них или понесённых ими в результате или вследствие использования и/или неправильного использования данной книги читателем. Данная книга предназначена исключительно для информационных и образовательных целей.

РЕЗУЛЬТАТЫ ГИПОТЕТИЧЕСКОЙ ДЕЯТЕЛЬНОСТИ ИМЕЮТ МНОЖЕСТВО ВНУТРЕННЕ ПРИСУЩИХ ОГРАНИЧЕНИЙ, НЕКОТОРЫЕ ИЗ КОТОРЫХ ОПИСАНЫ НИЖЕ. НЕ ДЕЛАЕТСЯ НИКАКИХ ЗАЯВЛЕНИЙ О ТОМ, ЧТО КАКОЙ-ЛИБО БИЗНЕС ДОСТИГНЕТ ИЛИ СКЛОНЕН ДОСТИЧЬ ПРИБЫЛИ ИЛИ УБЫТКОВ, ПОДОБНЫХ УКАЗАННЫМ ИЛИ ОПИСАННЫМ. ФАКТИЧЕСКИ СУЩЕСТВУЮТ ЗНАЧИТЕЛЬНЫЕ РАЗЛИЧИЯ МЕЖДУ РЕЗУЛЬТАТАМИ ГИПОТЕТИЧЕСКОЙ ДЕЯТЕЛЬНОСТИ И ФАКТИЧЕСКИМИ РЕЗУЛЬТАТАМИ, КОТОРЫЕ ВПОСЛЕДСТВИИ ДОСТИГАЕТ ЛЮБОЙ КОНКРЕТНЫЙ БИЗНЕС. ОДНИМ ИЗ ОГРАНИЧЕНИЙ РЕЗУЛЬТАТОВ ГИПОТЕТИЧЕСКОЙ ДЕЯТЕЛЬНОСТИ ЯВЛЯЕТСЯ ТО, ЧТО ОНИ, КАК ПРАВИЛО, ГОТОВЯТСЯ С УЧЁТОМ ПРЕИМУЩЕСТВА ПОСЛЕДУЮЩЕГО ЗНАНИЯ. КРОМЕ ТОГО, ГИПОТЕТИЧЕСКИЙ БИЗНЕС НЕ ПРЕДПОЛАГАЕТ ФИНАНСОВОГО РИСКА, И НИКАКИЕ РЕЗУЛЬТАТЫ ГИПОТЕТИЧЕСКОГО БИЗНЕСА НЕ МОГУТ ПОЛНОСТЬЮ УЧЕСТЬ ВОЗДЕЙСТВИЕ ФИНАНСОВЫХ И ИНЫХ РИСКОВ В РЕАЛЬНОМ БИЗНЕСЕ. НАПРИМЕР, СПОСОБНОСТЬ ВЫДЕРЖИВАТЬ УБЫТКИ ИЛИ СОБЛЮДАТЬ ОПРЕДЕЛЁННУЮ БИЗНЕС-СТРАТЕГИЮ НЕСМОТРЯ НА УБЫТКИ ЯВЛЯЕТСЯ СУЩЕСТВЕННЫМ ФАКТОРОМ, КОТОРЫЙ ТАКЖЕ МОЖЕТ НЕГАТИВНО СКАЗАТЬСЯ НА ФАКТИЧЕСКИХ РЕЗУЛЬТАТАХ. СУЩЕСТВУЕТ МНОЖЕСТВО ДРУГИХ ФАКТОРОВ, СВЯЗАННЫХ С РЫНКАМИ В ЦЕЛОМ ИЛИ С РЕАЛИЗАЦИЕЙ ЛЮБОЙ КОНКРЕТНОЙ БИЗНЕС-ПРОГРАММЫ, КОТОРЫЕ НЕ МОГУТ БЫТЬ ПОЛНОСТЬЮ УЧТЕНЫ ПРИ ПОДГОТОВКЕ РЕЗУЛЬТАТОВ ГИПОТЕТИЧЕСКОЙ ДЕЯТЕЛЬНОСТИ.

В контексте настоящего документа под «книгой» понимается данная книга, её содержание, а также вся содержащаяся в ней информация и идеи.

СОДЕРЖАНИЕ

$100МЛН
СЕКРЕТНЫЕ ГЛАВЫ

«Тайные сокровища из книг «$100 млн Офферы», «$100 млн Лиды» и «$100 млн Модели Продаж»

Почему я назвал эти главы «секретные»? Они были в черновиках, я считаю их очень полезными, но они не вписались в требуемый формат книг. Главная причина: эти главы углубляют понимание, но они не являются обязательными для того, чтобы применять стратегии, изложенные в книгах серии «$100МЛН». Однако более глубокое понимание точно не сделает тебя беднее. Так что давай ты их прочтёшь отдельно.

Следующий важный момент. <u>Это нестандартная книга</u>. Как я сказал, это сборник неизданных глав. Я выстроил их в максимально логичном порядке, но не жди такого же связного повествования, которое было в остальных книгах. Это скорее подборка разных идей, которые можно использовать по отдельности. Так что можешь читать их в любом порядке — как тебе удобнее. Но я знаю точно, что эти идеи стоят того, чтобы их рассказать, ведь они могут изменить жизнь некоторых предпринимателей. И если ты один из них, то вряд ли я мог бы дать тебе что-то ценнее.

Организационные моменты

Я разделил этот «сборник глав» на вводную главу и четыре раздела:

<u>Вводная глава: Твой Первый Аватар.</u> Это одна из самых важных глав, которые я когда-либо писал. Я добавил её, потому что *после* выхода книги «$100МЛН Офферы» получил множество вопросов о выборе аватара (кто твой идеальный клиент). Если я когда-нибудь напишу обновлённую версию «$100МЛН Офферы», я обязательно включу её в основную книгу. Процесс, который я описываю в этой

главе, **не** для новичков. Я применяю его в каждой компании, когда провожу консалтинг. Потому что он чертовски эффективный. И если ты не знаешь, с чего начать улучшать свой бизнес — начни с неё.

<u>Раздел A: Привлечение</u> — здесь я подробнее объясняю, как использовать премиальные или бесплатные офферы и офферы со скидками, чтобы больше людей соглашались на твой оффер. Я разбираю каждый тип: плюсы, минусы и кучу примеров из собственного опыта. А также делюсь данными, которые собрал по каждому виду оффера. Думаю, ты обязательно найдешь для себя что-то полезное.

<u>Раздел B: Проблема Дорогого Клиента</u> — здесь я объясняю математику, лежащую в основе «привлечения клиентов за счёт клиентов» (Customer-Financed Acquisition, CFA). Это был последний материал, который я вырезал из книги «$100МЛН Модели Продаж». Большинство людей могли запутаться в формулах. Но если тебе нравится считать деньги, здесь я подробно разбираю эту мощную концепцию. Ты найдешь более развернутые примеры расчёта трёх ключевых метрик привлечения клиентов: пожизненной валовой прибыли (LTGP), стоимости привлечения клиента (CAC) и срока окупаемости (PPD). Если твой бизнес не вписывается в примеры из книги «$100МЛН Модели Продаж» или ты просто хочешь увидеть больше вариантов, чтобы укрепить понимание, то этот раздел для тебя.

<u>Раздел C: Продвинутый Стэкинг Офферов</u>— здесь ты найдешь дополнительные модели продаж, которые я вырезал из оригинальной книги, а также базовые принципы комбинирования офферов с примерами, которые тоже удалены из финальной версии.

<u>Раздел D: Расширенная Глава про Сотрудников</u> — это дополненная версия главы «Сотрудники» из книги «$100МЛН Лиды». Я вырезал её, потому что она начала выходить за рамки темы генерации лидов и переходила в область управления командой. Тем не менее, эта глава всё-таки ценная, просто не для книги «$100МЛН Лиды». Она в два раза длиннее финальной версии и глубже раскрывает управление и эффективность. Чтобы люди действительно приводили тебе лидов, когда ты им за это платишь, и ты получал достойную отдачу.

Так как между разделами и главами нет единой сюжетной линии, я добавил короткое примечание перед каждой главой — объяснение, почему она была вырезана и чем может быть полезна. Надеюсь, тебе будет так же интересно читать эти главы, как и мне было интересно работать над ними.

Твой Первый Аватар

«Это не те друиды, которых вы ищете»
— Оби-Ван Кеноби, Звёздные войны: Новая надежда

Примечание автора**: *Если бы я мог вернуться в прошлое, я бы включил эту главу в книгу «$100МЛН Офферы». Она чертовски важна, если ты хочешь понять, кто твой идеальный клиент. И нет, это не глава из книги твоей мамы «про поиск ниши». Это настоящая, живая практика — как зарабатывать по-крупному.*

2019 год, какой месяц не помню.

В тренажёрном зале было холодно и темно. Спикеры появлялись на сцене, уходили со сцены. Мы сидели за столом «крутых ребят» - владельцев бизнеса по разработке программного обеспечения, у которых ежегодный доход был более 10 млн долларов. Мы чувствовали себя офигенно. Наша компания ALAN недавно перешагнула порог в 1 млн 700 тыс. долларов в месяц за первые шесть месяцев своего существования.

Пока мы болтали между выступлениями, на сцену вышел ведущий мероприятия. «Наш следующий спикер — человек, на которого все должны обратить пристальное внимание. Этот человек отвечает за продажи на сумму более 50 миллиардов долларов». Шум в зале стих. Ведущий продолжил: «...он специалист по ценообразованию и максимизации прибыли. Долгие годы он работал в Vista, одном из самых известных в мире фондов частных инвестиций в программное обеспечение». *Я сглотнул. Осознание реальности. Я все ещё мелкая рыбёшка.*

Спикер рассказал о процессе, который Vista использует для роста компаний. Их метод не был похож ни на один из тех, о которых я слышал. Вот как он работает.

Когда они рассматривают возможность покупки компании, они анализируют текущих клиентов компании. Они ищут клиентов, которые остаются дольше всех и платят больше всех. Далее они оценивают их по этому показателю. Самые высокие баллы получают те клиенты, которые приносят наибольшую прибыль, самые низкие - те, которые приносят наименьшую. Если они чувствуют, что есть золотая жила из ценных клиентов, которым не хватает обслуживания, они покупают компанию.

Купив компанию, они обрубают каналы, по которым приходят малозначимые клиенты. Затем они удваивают каналы, которые приводят лучших клиентов.

Вот и все. Больше клиентов с высокой прибылью. Меньше клиентов с низкой прибылью. Повторять. Повторять.

Когда он показал расчеты, все стало ещё более очевидным. Это был принцип Парето (80/20) на стероидах. Двадцать процентов клиентов приносят восемьдесят процентов дохода. Если заменить восемьдесят процентов теми, кто приносит больше денег, то бизнес вырастет в 5 раз. Это впечатляет, особенно в компаниях с оборотом в миллиарды долларов. Я задумался, как можно применить этот метод в нашем портфеле. С тех пор он стал основой нашего Метода Ускоренного Роста в Acquisition.com.

Поиск Правильных Клиентов

Ранее я говорил о выборе правильного рынка. Это важное стратегическое бизнес-решение. Выбор идеального аватара — часть этого более масштабного решения. Именно здесь мы начинаем более детально разбираться в том, кого именно мы обслуживаем и, что ещё важнее, *кого мы не обслуживаем.*

Этот процесс состоит из четырех шагов. Я описал их ниже. Затем я расскажу о том, что мы обнаружили после внедрения этого процесса в Gym Launch. Вот эти шаги.

1) <u>Опроси своих клиентов</u>: Создай форму с приведенными ниже вопросами и отправь её. Или, если хочешь больше вовлечения, пройди этот опрос вместе с ними на живой встрече или созвоне. Убедись, что они действительно заполнили форму, прежде чем выдать им бонус. Спроси у них всё, что тебе действительно важно узнать. Вот примерные вопросы, которые я обычно задаю клиентам из сферы бизнес-услуг:

   а) *Демография*: Кто они? Возраст? Пол? Политическая принадлежность? Географическое положение? Цифровое местоположение? Холост/разведен? Партнер в бизнесе или индивидуальный предприниматель?

   б) *Бизнес-статистика Раньше/Сейчас*: Выручка? Прибыль? Сколько сотрудников? Текучка кадров? Цены? Продукты? LTV клиентов? Количество клиентов? Ниша? Как долго в бизнесе?

   в) *Стремления*: Какова была их цель при покупке твоих услуг/продуктов? Какую проблему они пытались решить?

г) *Процесс покупки*: Какая самая главная причина, по которой они купили? Было ли триггерное событие, которое побудило их к покупке? Потребляли ли они какой-то конкретный контент? Был ли это какой-то конкретный отзыв? Сколько единиц контента они просмотрели? Когда они впервые услышали о тебе, и когда купили? Где они впервые увидели тебя? Им тебя кто-то порекомендовал, тогда кто?

2) <u>Найди тех, кто тратит больше всех</u>: Отсортируй ответы по трём критериям: кто тебе больше всего нравится, кто потратил больше всего денег, и кто дольше всех с тобой работает. Сфокусируйся на верхних 20%. Остальных можешь смело игнорировать.

3) <u>Найди что у них общего</u>: Придётся прочитать все ответы и включить голову. Да, думать тяжело. Хорошая новость в том, что твои конкуренты этого не сделают и ты получишь лёгкое преимущество. Цель: выделить минимальное количество признаков, которые есть у всех лучших клиентов. Обычно их от трёх до пяти. Запиши их.

4) <u>Примени это</u>: Когда у тебя будут ответы, ты сделаешь две важные вещи.

а) *Говори на языке своего нового аватара*: Сразу обозначай, какие клиенты тебе нужны. Пусть вся твоя реклама обращается именно к ним. Так ты, естественно, оттолкнёшь неподходящих и привлечёшь нужных. Перестань продавать тем, кто не соответствует требованиям твоего идеального клиента. Серьёзно — просто перестань. После этого усиливай работу на тех каналах, откуда приходят именно такие люди.

б) *Перестрой процесс продаж*: Разбери, почему именно эти лучшие клиенты купили у тебя. Проанализируй путь покупки, по которому они прошли. А потом сделай так, чтобы это происходило осознанно и системно.

Полезный совет: Ты зарабатываешь больше <u>не</u> из-за того, кто ты, а из-за того, кто они

Твоя прибыль появляется благодаря наценке, которую ты можешь ставить на свой продукт. Цена отражает эту наценку. Ты можешь поднять цену, если увеличишь ценность. Прелесть работы с «лучшими клиентами» в том, что им ты даёшь больше ценности за ту же самую работу. Позволь объяснить. Ты можешь брать дороже не из-за того, кто ты, а из-за того, кто твои клиенты.

<u>Простой пример</u>. Представь, что ты дизайнер продающих страниц. Допустим, ты улучшил конверсию страницы с 5% до 7%. В результате твой клиент стал зарабатывать больше. Теперь посмотрим, какую ценность ты создаёшь для двух разных клиентов, выполняя одну и ту же работу. Если компания «А» зарабатывала 100 000 $ в месяц с этой страницы, теперь она получает 140 000 $. А если компания «Б» зарабатывала 10 000 000 $ в месяц, теперь она получает 14 000 000 $. Ты поработал одинаково в обоих случаях. Но ценность, которую ты создал для компании Б, гораздо выше. И ты можешь брать за это больше.

Полезный совет: Что делать, если у тебя нет клиентов — начни с того, что знаешь

Хочешь узнать, как лучшие венчурные инвесторы выбирают стартапы? Они делают ставку на основателей, у которых уже есть опыт в той сфере, где они собираются работать. Это логично, ведь глубокое понимание отрасли приходит не сразу. Быстрый путь для нового предпринимателя — начать с той сферы, в которой ты разбираешься лучше всего. У большинства из нас уже есть **какие-то** внутренние знания, полученные через друзей, семью, прошлую работу и так далее. А внутри этой сферы выбери тех, кому ты можешь помочь *больше* всего. Определи узкую целевую группу и начни с неё. Не усложняй. Начни с того, что знаешь, а потом постепенно расширяйся по мере того, как набираешь опыт. Когда у тебя появятся клиенты, ты сможешь снова пройти процесс анализа и уточнить свой аватар.

Вот что получилось после того, как мы всё это сделали. Мы прошли шаги с первого по третий. Провели опрос. Отобрали самых крупных клиентов. Посмотрели, что у них общего. Потом применили всё на практике. Ниже результаты этого процесса на примере нашего бизнеса Gym Launch.

Выводы по шагам 1–3 о наших лучших клиентах:

Демография: Придерживающийся правых взглядов/консерватор, женат, 25 – 45 лет, мужчина, владелец тренажерного зала, проживает в США

Бизнес-требования: Подписанный договор аренды, минимум 1 сотрудник, доход более 10 000 долларов в месяц на старте, минимум 30 существующих клиентов

Стремления: Зарабатывать $1 млн+ в год, меньше работать, открыть больше тренажёрных залов.

Причины покупки: Недостаточно лидов, «плохой рынок», плохие цены, не удается найти хороших сотрудников

Шаг 4a: Новый переосмысленный аватар: Мы провели опрос наших клиентов, чтобы выяснить, что общего у 20% лучших из них. Другими словами, мы смогли увидеть, как выглядят наши самые успешные клиенты. **Действие:** Мы сосредоточились на аудиториях с наибольшей концентрацией владельцев тренажерных залов такого типа. Мы описали наши требования в объявлениях и на сайтах. Мы говорили только о конкретных проблемах и стремлениях наших лучших клиентов, а не *всех* клиентов.

Выводы из шага 1–3 о том, как они покупали:

Изучив данные, мы обнаружили, что 78% наших ведущих клиентов посмотрели минимум ДВА фрагмента длинного контента *перед* покупкой у нас. Это означает, что, если бы мы разговаривали по телефону с человеком, который этого не делал, наши шансы продать ему были бы ниже.

Шаг 4б: Реинжиниринг процесса покупки. Действие: После этого моя команда воссоздала тот самый «идеальный» процесс покупки. С этого момента мы добавили каждому лиду два длинных, по-настоящему ценных контентных материала в их путь клиента. Параллельно увеличили общий объём контента. Кроме того, мы составили список наших «лучших из лучших» публикаций, чтобы вооружить ими отдел продаж. Менеджеры вручную выбирали два-три материала, которые, по их мнению, могли помочь конкретному лиду. Так мы фактически *заставили* людей пройти тот же путь покупки, по которому шли наши лучшие клиенты. Примечание: это <u>не были</u> замаскированные продажи, а действительно полезный контент, дающий ценность заранее. (Надеюсь, как и этот).

Сравнение

Однажды я рассматривал возможность купить долю в компании, которая оказывала бизнес-услуги владельцам фитнес-клубов. Я провёл утро с её владельцем, изучая ключевые показатели бизнеса. В процессе разговора выяснилось, что, хотя он работал в той же нише, что и я, *и* продавал примерно столько же, его прибыль была <u>*меньше*</u> в 70 раз (да, именно в семьдесят!). Спойлер: дело было не в том, что мы какие-то гении. Просто умение определить, кому продавать, действительно работает.

<u>Разница</u>. Они принимали любого, у кого был пульс и кредитная карта. В итоге получали высокий отток клиентов, высокие расходы на привлечение, низкое удержание и слабую удовлетворённость. И по-другому быть не могло. Их советы были слишком общими. Мы же, наоборот, сознательно работали только с самыми ценными клиентами и игнорировали всех остальных. Это дало нам более высокое удержание, больше валовой маржи, премиальное ценообразование и постоянные повторные продажи. Один и тот же рынок. Разные сегменты клиентов. Колоссально разные результаты. Это реально имеет значение.

Качество Важнее Количества

Многие конкуренты пытались повторить наш путь покупателя. Но ни один не довёл это до конца. Они начинали паниковать и убирали шаги, чтобы получить больше лидов. Это распространенная ошибка. По моему опыту, каждый раз, когда мы убирали этапы квалификации, количество лидов действительно росло, но денег мы зарабатывали меньше. Объединение маркетинга и продаж в один отдел «привлечения» решило эту проблему навсегда. Маркетологи перестали жаловаться, что отдел продаж не закрывает сделки. А продажники перестали ныть, что им не хватает лидов. Все начали работать на общий результат — заключать больше ценных сделок. Теперь мы используем оптимальное количество шагов, чтобы получать максимальную отдачу от рекламы *в долгосрочной перспективе*.

<u>Пример</u>: Я лучше заплачу 5 000 $, чтобы заработать 45 000 $, чем 1 000 $, чтобы заработать 5 000 $ *(даже если первый вариант обходится в пять раз дороже).*

Знание пути идеального клиента учит терпению. Ты начинаешь видеть бизнес как систему, а не как продукт, который нужно втюхать как можно большему количеству людей. Так мыслят мелкие новички в бизнесе. Не думай, как они.

Для примера. Средний конкурент Gym Launch имеет пожизненную валовую прибыль (LTGP) около 6 000–8 000 долларов. Я знаю это, потому что рассматривал покупку их компаний. У нас LTGP выше 45 000 $. И хотя эта цифра **всего лишь** в 6–8 раз больше, итоговая прибыль отличается кардинально. На минуту представь, что ты поднимаешь цену в 8 раз, сохраняя те же расходы. Насколько больше *прибыли* ты получишь? Скорее всего, очень много. Вот в чём разница.

Когда ты сужаешь фокус, клиентов становится меньше — по крайней мере, сначала. Из-за этого может временно просесть выручка (из-за стоимости изменений). Но в долгосрочной перспективе ты получаешь бизнес с более высоким коэффициентом удержания и прибылью. И если ты не собираешься бросать своё дело, зачем выбирать что-то другое, кроме правильного долгосрочного решения?

Полезный совет: Продавай тем, кто не перестаёт покупать

Большие состояния создаются, когда ты продаёшь то, что люди не перестают покупать. Поэтому цель проста: либо улучшай продукт так, чтобы его хотели снова и снова, либо продавай только тем клиентам, которые исторически продолжают покупать. Оба пути работают. Но в этой главе речь пойдёт именно о втором — о смене аватара.

Примечание. Есть причина, почему компании, работающие с корпоративными клиентами, обычно оцениваются дороже. Причина в том, что они работают с более качественными клиентами — с теми, у кого больше денег, больше ресурсов, и с кем в целом проще работать, чем с мелкими клиентами. И самое главное, *начав покупать, они, как правило, продолжают это делать.*

Как Использовать Эту Главу, чтобы Сразу Получить Больше Качественных Лидов

В конце этой главы тебе нужно сделать три шага, чтобы <u>увеличить поток лидов</u>. Сначала проведи опрос своих текущих клиентов. Затем используй эти данные, чтобы определить, какие характеристики чаще всего встречаются у ценных клиентов. И наконец, используй эту информацию, чтобы изменить свои рекламные сообщения и перестроить процесс продаж специально для них.

Со временем это увеличит и качество, и количество твоих лидов. Кроме того, повысится средняя ценность клиента, ведь ты заранее отсечёшь всех, кто не соответствует нужным критериям.

Рост бизнеса всегда сводится к двум вещам. Либо продавать бо́льшему числу клиентов, либо сделать так, чтобы каждый клиент приносил больше денег. Эта глава помогает сделать и то и другое. Клиентов станет больше, потому что твой маркетинг станет точнее. А ценность каждого клиента вырастет, потому что ты начнёшь работать только с теми, кто действительно приносит бо́льшую прибыль. Это кажется слишком простым, почти как чит-код, но в этом и сила. Почти *никто так не делает.* Когда ты правильно выстроишь этот шаг, он станет усилителем для всех следующих стратегий из книги.

Теперь, когда мы знаем, кого ищем, возникает вопрос. Можно ли масштабировать наш аватар ещё больше? Короткий ответ — да. И мы займёмся этим в следующей главе.

ПРОЧТИ ЭТО:
На момент написания этой книги я помог одной компании вырасти с $5 млн до $42 млн годового дохода (ARR), другой — с $2 млн до $110 млн, ещё одной — с нуля до $100 млн+, и многим другим — с нуля до $10 млн+. Во всех этих случаях я понял одно: масштабирование подчиняется повторяемой схеме.

СДЕЛАЙ ЭТО:
Если тебе нужна наша помощь в масштабировании компании, ты можешь получить бесплатно <u>персонализированную</u> карту масштабирования: <u>acquisition.com/roadmap</u>

СДЕЛАЙ ЭТО, ЕСЛИ ТВОЯ КОМПАНИЯ УЖЕ ДОСТАТОЧНО БОЛЬШАЯ:
Когда перейдёшь по ссылке выше, и если твоя компания достаточно большая, на странице благодарности появится возможность записаться на звонок с моей командой, чтобы попасть на один из наших семинаров по масштабированию в головном офисе (Лас-Вегас). Это самое ценное, что я могу сделать для твоего бизнеса. Надеюсь, увидимся.

РАЗДЕЛ А: ПРИВЛЕЧЕНИЕ

Как заставить вовлекаться людей, которые обычно этого не делают,
с помощью Бесплатных и Скидочных Промоакций.

Примечание автора**: *Я вырезал следующие три главы из книги «$100МЛН Модели Продаж», потому что они получились слишком теоретическими. Хотя я обожаю теорию, концепции и разные модели, но большинству людей это не нужно. Им просто нужно знать, что делать. Но если тебе интересно разобраться в принципах, по которым я создаю промоакции, которые действительно выстреливают, тогда следующие три главы для тебя.*

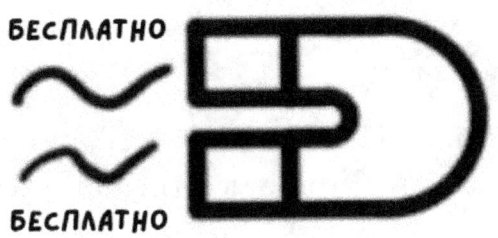

Март 2016.

Я стоял сбоку от сцены. Обернулся и посмотрел на тысячи людей в зале. Никто меня не знал. Мне тогда было двадцать шесть. Почти все в аудитории были старше. Я взглянул на часы. Подходила моя очередь. Сердце билось так громко, что я слышал его стук в ушах.

Ведущий зачитывал свои заметки, готовясь представить меня. Я собирался рассказать, как мне удавалось заранее продать все места в своих тренажёрных залах ещё до открытия, не вложив ни цента. В голове я повторял свои основные тезисы.

Встречайте на сцене — Алекс Хормозиииииии.

Моё имя вернуло меня в реальность. Моя очередь. Я вышел на сцену. Яркие прожекторы били прямо в глаза. Одна мысль успокаивала меня: *«По крайней мере, мне нужно говорить о том, что я действительно знаю».*

Я начал. Мои слайды были простыми, чёрно-белый текст и несколько изображений. Я чувствовал себя немного глупо, глядя на презентации других спикеров. Они выглядели так профессионально. А я парень в неоново-зелёной фитнес-футболке, который всего несколько лет назад был на мели.

Я рассказал тот же процесс, который описывал в начале книги «$100МЛН Модели Продаж», про нашу бесплатную шестинедельную программу. Объяснил, как она работала и какие за ней стояли цифры. Я буквально выложил всё, что мы делали, и как именно это делали. Уверен, что закончил я примерно так: «Ну вот, собственно, и всё».

Когда я сошёл со сцены, я выдохнул с облегчением. Пока я пытался покинуть зал, люди тоже начали расходиться. И к моему удивлению, меня просто окружили. Это выступление превратило меня из неизвестного парня в человека, которого хотят слушать. Люди стояли плотной стеной, задавая вопросы со всех сторон.

«У тебя есть курс?», «Ты проводишь обучение?», «Можешь сделать то же самое в моём тренажёрном зале?», «У моего друга есть зал, можно ему что-то от тебя отправить?»

Такого ещё со мной не было. Мне понадобился час, чтобы дойти от двери зала до туалета в десяти метрах. И даже там за мной зашёл кто-то и продолжал задавать вопросы, пока я стоял у писсуара.

Мой ответ был одинаковым: «Нет. Я просто владелец тренажёрного зала. Это то, чем я занимаюсь. Я этому не учу. Это не мой бизнес. Извини».

Следующие два дня люди без конца задавали вопросы о моём выступлении. Каждый раз, когда я оставался один, кто-нибудь подбегал с фразой: *Есть минутка?* Это было круто. Никогда раньше я не получал столько внимания. И, честно говоря, я даже не знал, что кому-то ещё интересно всё это. Мир маркетинга был для меня тогда совершенно новым.

До сих пор я не понимаю, почему участники той конференции проявили ко мне такой интерес. Я был предоставлен сам себе, никаких встреч, никаких дел. И всё же было приятно, что кто-то признал, что я в этом хорош. Это был первый сигнал, что впереди может быть что-то большое.

Это событие стало для меня первым большим выходом в свет. И совпало с тем, что тогда советовал мой наставник: *Тебе стоит учить других делать то, что делаешь ты*.

Я ушёл с мероприятия с карманом, переполненным визитками, и кучей новых контактов, сохранённых в телефоне. «Джон М — парень в бежевом пиджаке, добавки» и «Марси — владелица клиники по снижению веса, Техас».

Когда я вернулся домой, я внёс все имена в таблицу. Их оказалось больше сотни.

Я понятия не имел, что делаю, но знал одно — я, скорее всего, смогу им помочь. Поэтому примерно через неделю после мероприятия я связался с ними. Многие были из смежных сфер: мануальщики, стоматологи, и т. п. Некоторые продавали добавки в онлайн-магазине. Кто-то вёл онлайн-фитнес. Я тогда об этом ничего не знал. Я знал только, как помогать тренажёрным залам.

Иронично, но сама идея продавать курс или программу казалась мне тогда какой-то чужеродной. Я всегда продавал услуги. Но я не имел ни малейшего представления, как применить это здесь. Поэтому я создал первый оффер, из которого позже вырос Gym Launch, просто отдав что-то бесплатно — себя.

Я прилечу в твой тренажёрный зал. Потрачу свои деньги на рекламу. Отработаю все лиды. Закрою их. Заберу деньги, которые сам соберу, а клиентов отдам тебе бесплатно. Я покажу, как продавать добавки. Дам свою программу по питанию. Покажу, как выполнять обязательства перед клиентами. И покажу, как превращать их в постоянных членов клуба. Всё это бесплатно. Я зарабатываю только на том, что продаю.

Звучит как Оффер Большого Шлема? Ага.

Я сделал это для тридцати трёх тренажёрных залов, и на всё ушло восемнадцать месяцев постоянных перелётов по стране. Как ты можешь догадаться, продавать было легко. Ведь это было бесплатно. Так я заработал свой первый миллион долларов (за пределами своих тренажёрных залов).

И всё началось с бесплатного оффера.

Почему Я Использую Бесплатные и Скидочные Промоакции

Когда я выхожу на новый рынок, почти всегда начинаю с чего-то бесплатного или с огромной скидкой. Я делаю это по нескольким причинам. Во-первых, в начале я ещё не до конца понимаю, что делаю, и не хочу что-то продавать, пока не буду уверен, что это действительно круто. Такой подход даёт мне пространство для манёвра и снисхождение, если результат пока неидеален. Во-вторых, мне нужны отзывы, а самый быстрый и простой способ их получить — это поработать бесплатно в обмен на отзыв. В-третьих, если я делаю что-то впервые, у меня обычно нет полной уверенности. Поэтому бесплатный оффер или с большой скидкой помогает закрыть первые продажи. Не путай, продавать приходилось и в этом случае, ведь нужно было убедить людей взять даже бесплатно. И в-четвёртых, когда начинаешь с бесплатного, становится легче получать рекомендации и запускать спрос.

Создай Поток. Монетизируй Поток. Потом Добавь Сложности.

Вот почему, важно понять, как продвигать свой Оффер Большего Шлема, ведь именно с этого начинается продвижение и появляются первые лиды. После этого можно постепенно добавлять сложности и зарабатывать активнее. При этом, если я со временем, могу встроить дополнительные Офферы Большего Шлема как апселлы, то я стараюсь держать вход в воронку максимально простым, чтобы поток лидов не останавливался. Так я веду бизнес. *Сначала* я создаю спрос, а потом уже разбираюсь, как на нём зарабатывать. Мне кажется, слишком многие делают наоборот — пытаются поставить телегу впереди лошади.

Почти в каждой нише, где я зарабатываю, я начинаю с премиум оффера *(даёт законченную ценность без апселлов)*, бесплатного оффера или оффера со скидкой. Они лежат в основе моей стратегии по «привлечению новых клиентов».

Так что я разберу все три варианта по порядку. Просто помни: бесплатные офферы и офферы со скидкой — это упаковка *вокруг* основного премиального оффера, который мы уже создали.

Я не говорю, что *ты* обязан делать так же. Я просто делюсь тем, как делаю это сам, и это отлично работает. Ирония в том, что если хочешь заработать быстро, чаще всего деньги приходят именно тогда, когда ты что-то отдаёшь. Те, кто дают больше, в итоге получают больше.

<u>Важно</u>: Цель создания промоакции — это *усилить* твой Оффер Большего Шлема, а не изменить его. Представь, что это упаковка. Подарок можно завернуть в старую газету, а можно положить в пакет Шанель с матовой чёрной бумагой и идеально завязанным белым бантом. Внутри одно и то же, но выглядит совершенно по-разному. Мы делаем оффер визуально и эмоционально привлекательнее. Именно для этого нужна «промо-упаковка». Это особенно важно, когда ты выходишь на холодный рынок, где людям нужно дать причину обратить на тебя внимание. Промо должно отвечать на главный вопрос: *«Что я получу от этого?»* Мы делаем оффер как можно привлекательнее для холодной аудитории, чтобы создать поток спроса.

В следующих трёх главах мы подробно разберём Премиум Офферы, Бесплатные Офферы и Офферы со Скидкой.

Так что давай разберёмся, как создавать эти офферы *правильно.*

Премиум Промоакции

Презентация твоего Оффера Большого Шлема

Некоторые вещи бесценны. Для всего остального есть Mastercard.
— Известная рекламная кампания

Я зашёл в смузи-бар, где я тогда работал. Мой друг сидел в углу и листал журнал (да, тогда журналы ещё были в обиходе). У меня в руках был обед на вынос — бургер и картошка из соседнего кафе.

«Ты не поверишь, — сказал он. — Смотри. Какой-то парень купил бургер за 50 000 долларов. Это же безумие».

В том бургере были золотые хлопья и дорогая икра. Но я запомнил другое: мысль о том, *сколько же зарабатывает человек, если может позволить себе бургер за 50 000 долларов.*

«Кто его купил?»

«Не знаю, какой-то парень из хедж-фонда. Говорят, он зарабатывает около 50 миллионов долларов в год».

Пятьдесят миллионов долларов. Эта цифра ошеломила меня. Я пытался осознать её масштаб. Это почти миллион долларов в неделю.

Когда я прикинул, получилось, что если он работает две тысячи часов в год, то зарабатывает двадцать пять тысяч долларов в час. Значит, чтобы позволить себе этот бургер, ему нужно всего две часа работы. Потом я посчитал свою ставку — шесть долларов семьдесят пять центов в час. И понял, что те же два часа моей работы стоят столько же, сколько бургер, картошка и газировка в соседнем кафе — 13 долларов 50 центов.

Для него, с его доходом, это вовсе не безумие. Это *то же самое*, что для меня купить обычный бургер.

Вот тогда я и понял, что такое бесконечная отдача *(от начальных вложений)*. Суть в том, что рост вверх не ограничен, а вниз ты можешь упасть только до нуля. Это особенно важно, когда речь идёт о ценообразовании.

Премиум Офферы работают по тому же принципу. Пока все «покупают трафик» с мышлением человека, зарабатывающего 6,75 доллара в час, ты действуешь с мышлением человека, чьё время стоит 25 000 долларов в час. И самое приятное в этом то, что тебе не нужно *столько же* объёма.

Вот как это выглядит на практике. Допустим, один бизнес зарабатывает 100 долларов с продажи (50 долларов прибыли), а другой — 10 000 долларов с продажи (9 500 прибыли). Чтобы получить одинаковую сумму прибыли, первому бизнесу нужно продать 190 людям по 50 долларов прибыли, чтобы выйти на 9 500. Второму достаточно продать всего *одному*. Вот как это работает в реальном мире.

Теперь представим: ты обращаешься к тем же самым 190 людям, которых закрыл первый бизнес, и предлагаешь им всем оффер за 10 000 $. Вероятно, ты закроешь около 5%. Вот простая математика:

5% × 190 = 9,5 продаж

9,5 продаж × 9 500 долларов прибыли = 90 250 долларов

Для сравнения: 190 продаж × 50 долларов прибыли = 9 500 долларов

90 250 / 9 500 = <u>в 9,5 раза больше прибыли.</u>

То есть, если ты используешь оффер с высокой ценностью, твоя реклама становится в 9,5 раза прибыльнее. Да, объём продаж *гораздо* меньше, но ты зарабатываешь *гораздо* больше — даже если сравнивать в одинаковых условиях. *И* тебе нужно работать всего с лишь 9–10 клиентами вместо 190. Это делает жизнь гораздо проще.

Вот в чём сила Премиум Офферов. И вот как они обходят конкурентов.

Главное условие в том, что тебе нужно:

1) Иметь действительно ценный оффер (твой Оффер Большого Шлема)

и

2) Иметь процесс продаж, который эту ценность показывает.

Если бы Я Потерял Всё и Начал Сначала…

Если бы мне *нужно* было снова зарабатывать деньги или помогать зарабатывать другому предпринимателю — я бы не начинал с Премиум Оффера. Я бы добавил бесплатную или скидочную модель. Со временем, по мере роста репутации, ты можешь эти элементы убрать. Но в начале пути они необходимы почти всем. Раньше, в начале моей карьеры, все мои офферы были бесплатными.

Следующий оффер, который я бы запустил после первых бесплатных офферов, звучал бы так:

«Оставь заявку и забронируй звонок, чтобы узнать, подходишь ли ты нам».

Вообще непривлекательно. Прям совсем.

Но этот текст, перед самим оффером фильтровал только самых лучших владельцев тренажёрных залов, которые понимали: «Да, это будет дорого».

И помни, одно из *главных* преимуществ Премиум Офферов — это высокий чек, который ты можешь позволить себе продавать.

Ниже нуля опуститься нельзя. Но вверх ты можешь расти бесконечно.

Если ты только начинаешь, стартуй с Бесплатного Оффера или Оффера со Скидкой, чтобы привлечь первых клиентов. Покажи результат. Потом перестрой модель под Премиум Оффер.

Примечание. Можно также сочетать разные офферы. Более подробно я разобрал этот алгоритм в книге «$100МЛН Модели Продаж». Премиум Оффер отлично работает как «второй» оффер, который идёт после бесплатного. Но он сработает только если ты уже показал ценность в первом оффере.

Цель Премиум Офферов

Цель Премиум Офферов — продать клиенту наилучший возможный результат для него самого. Ты предлагаешь ему выбрать тот вариант, который с наибольшей вероятностью приведёт его к лучшему результату. При этом это не «лучше» и не «хуже» других типов офферов. Просто другой формат.

В следующем разделе «Плюсы и Минусы» мы с тобой поменяемся ролями. Теперь ты объяснишь мне преимущества и недостатки Премиум Оффера, как будто мы работаем вместе. Спасибо, что не даёшь мне расслабиться!

Плюсы Премиум Офферов

#1 Самая Простая Математика и Минимум Движущихся Частей

Я: Зачем нам делать этот дорогой оффер? Мне кажется, мало кто сможет себе это позволить.

Ты: Когда ты продаёшь только одно основное «что-то», то математика становится очень простой. Ты платишь XXXX долларов за YY лидов/звонков/встреч и закрываешь Z сделок по цене VVVV долларов. Вот и всё. Просто смотришь, сколько потратил и сколько заработал.

Я: А, понял. Чем меньше у тебя продуктов, тем проще, потому что я просто продаю только одну дорогую штуку.

#2 Только «Качественные» Клиенты: Меньше Бесполезной Суеты

Я: Но у нас же будет совсем мало клиентов по сравнению с дешёвой моделью?

Ты: Клиенты, которые приходят на Премиум Офферы, как правило, самые адекватные и подходящие для тебя. Это уменьшает количество «перелопачивания ерунды», чтобы найти лучших. Мы как бы «снимаем сливки» с помощью маркетинга. И, да, за это приходится больше платить, но зато ты получаешь только сливки, а не всё молоко.

Я: Окей, понял. Мы *соглашаемся* с тем, что, возможно, продадим всего 10% того объёма, что продали бы по дешёвке. Зато прибыль выше, а головной боли меньше. Звучит разумно.

#3 Без Скидок и Уговоров. Лиды Высокого Качества

Я: То есть, мы не будем пытаться кого-то уговаривать купить?

Ты: Люди, которые приходят на такой оффер, уже ожидают продажу. Всё прозрачно с обеих сторон. Всё зависит от того, насколько они верят, что мы можем решить их проблему, и как оценивают ценность нашего решения.

Я: Понял. То есть лидов будет меньше, но их качество будет намного выше. А значит, я смогу закрыть бо́льший процент. Звучит отлично. Я не хочу весь день возиться с дерьмовыми лидами.

Минусы Премиум Офферов

#1 Высокая Стоимость Лида и Больше Времени до Окупаемости

Я: Но если эти лиды дороже, как мы вообще можем себе это позволить?

Ты: Чтобы запустить такую модель, нужно вложить немало денег. У многих просто нет средств, чтобы обеспечить нужный объём с такими офферами. Плюс, нужно время, чтобы наладить процесс продаж на старте. А когда каждый лид обходится дороже, право на ошибку почти не остаётся.

Я: Понятно... значит, нам нужно либо чётко понимать, что мы делаем, либо иметь достаточно денег, чтобы учиться на практике.

#2 Нужно Быть Хорошим Копирайтером и Отлично Знать Аватар Своего Клиента

Я: Насколько глубоко мне нужно разбираться, чтобы продавать наше комплексное решение за 900 долларов в месяц?

Ты: Когда выходишь на новый рынок, бывает сложно сразу прочувствовать, как устроен внутренний мир аватара. Что он по-настоящему хочет. Чего боится. С чем борется каждый день. Вот тебе простой пример — я бы не стал говорить «работаешь тяжело» в своём бизнесе. Я бы сказал: «в который раз ты сам моешь туалеты». Конкретика — вот что делает копирайтинг цепляющим. Если ты не знаешь, как реально живёт твой аватар, тебе будет сложно зацепить его, особенно если у тебя нет сильного оффера и *классного* текста. Бесплатные Офферы и Офферы со Скидкой дают больше пространства для ошибок в тексте, потому что сам оффер может подтолкнуть тех, кто сомневается, к покупке.

Я: Окей, значит, мне реально нужно глубоко изучить этих фанатов ЗОЖ, чтобы понять, чего они на самом деле хотят и чего боятся. Мне надо говорить об этом и на их языке, а не о характеристиках моего продукта. Чем конкретнее я буду, тем сильнее это сработает и тем больше им захочется купить Премиум Оффер. Они должны понять, почему важно пить именно наш натуральный лимонад, а не какой-то там «химический» из супермаркета. Им нужно почувствовать, почему именно наш продукт особенный. Иначе они просто решат, что у нас такой же продукт, только по завышенной цене. Понял.

#3 Нужно Уметь Продавать, потому что Это Самая Настоящая Продажа

Я: У нас нет ни скидок, ни акций. Как я вообще заставлю людей платить, если они никогда это не пробовали?

Ты: Процесс продаж должен быть выстроен от начала до конца. Он должен соответствовать аватару клиента, с которым мы работаем. Запомни одно: если мы выходим на рынок с Премиум Оффером, у нас либо уже должен быть отлаженный процесс, либо должны быть деньги, чтобы его выстроить.

Я: Понял. Та же мысль снова и снова: я должен точно понимать, что делаю.

#4 Наименее Эффективный Способ Захвата Рынка

Я: Но мне кажется, что по такой цене купят гораздо меньше людей, даже если прибыль с каждой продажи будет высокой.

Ты: Если мы делаем ставку на объём, то наш Премиум Оффер придётся показать огромному количеству людей, прежде чем кто-то «клюнет». Это значит, что рекламу увидят многие, а заявок будет немного. Да, каждая продажа принесёт больше денег, но общий объём продаж всё равно останется небольшим.

Я: Окей. Мы можем хорошо зарабатывать, просто не станем лидерами по количеству продаж в категории «лимонад». Это уже вопрос стратегии и того, как мы хотим строить бизнес. Я понял.

#5 Оффер Должен Быть Реально Неотразимым и Обещать Результат

Я: У меня нет ни скидок, ни пробников. Как я заставлю людей сказать «да»?

Ты: Чтобы улучшить конверсию, мы можем рассчитывать только на небольшое количество людей, которые поднимут руку и скажут, что им это интересно. Поэтому тебе нужно убедиться, что перед ними действительно неотразимый оффер. Он должен быть наполнен бонусами, гарантиями и премиальной поддержкой, чтобы оправдать более высокую цену.

Я: Понял. Значит, всё то, что мы изучали в книге *«$100МЛН Офферы»*, теперь пригодилось. Мы должны сделать оффер настолько убедительным, чтобы он *воспринимался как выгодная сделка*, учитывая, сколько всего получает человек. Похоже, придётся добавить несколько гарантий и накинуть бонусов, которые им точно понравятся. Чтобы наш оффер ощущался как выгодный обмен. Понял.

Заключение

Премиум Офферы обладают огромной силой. Они могут работать как самостоятельные офферы, которые приносят огромные деньги. Тебе, по сути, *не нужно* ничего дополнительно. Если у тебя уже есть поток клиентов, то с этой новой структурой ты можешь повысить цены в 3–5 раз, не меняя сами услуги (серьёзно). Подробно об этом написано в книге *«$100МЛН Офферы»*.

Но если ты только начинаешь, или объёма продаж пока недостаточно, или стоимость привлечения клиента выше, чем ты можешь себе позволить, тогда тебе стоит «упаковать» свой Премиум Оффер в бесплатную или скидочную «обёртку».

А теперь давай поговорим о них.

Бесплатные Промоакции

«Если бесплатно — значит для меня!»

Бесплатный Оффер — это самый мощный оффер всех времён, и его сила никогда не иссякнет. Почему? Потому что по сути — это «что-то за ничего» или «ценность наперёд». Исследователь доктор Дэн Ариели показал феномен, который он назвал «копеечный разрыв» *(penny gap)*. Он доказал, что в девять раз больше людей возьмут бесплатную шоколадку Hershey's, чем ту же самую, но за один цент. Представь, что ты получаешь в девять раз больше лидов, просто снизив цену с 0,01 до нуля. Разница огромная. И мы собираемся использовать это.

Большинство маркетологов видели это на практике. Страница с оффером за 1 доллар и страница с Бесплатным Оффером показывают кардинально разные результаты. Бесплатный оффер — это самый быстрый способ проверить, нужно ли вообще кому-то то, что ты предлагаешь.

Потому что, если даже Бесплатный Оффер не работает, это означает одно из трёх:

1) Людям просто не нужно то, что ты предлагаешь. Значит, нужно изменить саму идею бесплатного продукта или то, как ты о нём рассказываешь.

2) Тебе не верят.

3) Они просто не видят твой оффер, потому что ты ловишь не в том пруду. То есть проблема в таргетинге. (Например, ты запускаешь акцию «для одиноких девушек», а показываешь её замужним мамам).

Один известный маркетолог даже проверил пункт №2 на практике. Раз в несколько лет он публиковал в газете объявление: «За каждые 100 долларов, которые вы мне дадите, я верну вам 1 000. Звоните по номеру 444-444-4444». Никто ни разу не откликнулся. Он делал это для того, чтобы показать, насколько важна правдоподобность. Оффер был потрясающий, но настолько хороший, что в него просто не поверили. Поэтому, когда ты предлагаешь что-то бесплатно, тебе всегда придётся ответить на вопрос: «Почему?». Дай достаточно вескую причину, и люди поверят. Например, «Мы закрываемся, полная распродажа в течение 30 дней» — тогда это отличное объяснение скидки в 90%. А если просто написать «90% скидка на всё», то реакция будет совсем другой. Так что, если это правда, обязательно объясни причину. Подробнее об этом я рассказываю в книге *«$100МЛН Лиды»*.

А теперь давай разберём плюсы и минусы Бесплатных Офферов. Чтобы было интереснее, поменяемся ролями. Представим, что мы открываем вместе киоск с лимонадом. И ты мой наставник. Ты будешь учить меня, вечно голодного ученика, всему, что нужно знать про бесплатные промоакции.

Плюсы Бесплатных Офферов

#1 Максимальный Поток Лидов

Я: То есть, если мы хотим как можно больше лидов, нужно начинать с Бесплатного Оффера?

Ты: Именно. Если нам нужен объём, ничего не работает лучше, чем бесплатное. Это даёт больше всего лидов на каждое просмотренное объявление. И это особенно полезно на небольших рынках, например, в местном бизнесе. Логика проста. Если у нас ограниченное количество людей, которые вообще могут нас увидеть, нужно, чтобы как можно больше из них проявили интерес. Бесплатный Оффер привлекает максимальное количество людей к твоему продукту.

Я: Понял. Значит, если мне нужно как можно больше лидов, то бесплатный оффер — это лучший вариант. Он привлекает и лучших, и средних, и слабых лидов сразу. А дальше у меня есть шанс продать как можно большему числу из них.

#2 Самые Дешёвые Лиды

Я: Значит мы не только получим больше лидов, но и каждый обойдётся дешевле?

Ты: Да, всё по той же причине. Ты платишь за одно и то же количество просмотров, но больше людей поднимают руку и говорят, что им интересно. Стоимость каждого лида снижается, поэтому Бесплатные Офферы дают не только максимальный объём, но и самую низкую цену за отклик.

Я: Отлично. Вот это мне по душе.

#3 Мировые Компании Становятся Вирусными, Зарабатывая на «Бесплатном»

Я: Но разве это не выглядит несерьёзно?

Ты: Нет. Некоторые из самых больших компаний в мире используют бесплатные оферы на входе. Они делают ставку на качество продукта, чтобы люди продолжали покупать после того, как попробуют. Вот несколько примеров:

... Facebook: «Бесплатная регистрация — навсегда»

... YouTube: «Смотри и создавай видео бесплатно»

... Dropbox: «Бесплатное хранилище на X гигабайт»

... Uber: «Первая поездка бесплатно»

... Netflix: «30 дней бесплатно»

... Прокол ушей бесплатно (Claire's)

... Бесплатная восковая депиляция (European Wax Center)

... Бесплатный месяц хранения (Public Storage)

И таких примеров можно привести сотни.

Я: Понял. Смысл в том, что, если мы научимся зарабатывать на Бесплатных Офферах, то снизим стоимость привлечения клиента (CAC) и увеличим возврат с рекламы (ROAS). Проще говоря, узнаем, сколько нам обходится зарабатывать деньги. Понял. А какой минус?

Минусы Бесплатных Офферов

#1 Объём Может Стать Обоюдоострым Мечом

Я: Но разве такое количество лидов не создаст другие проблемы для бизнеса? Я даже не уверен, что смогу всем перезвонить.

Ты: В некоторых бизнесах Бесплатные Офферы действительно могут привлечь «слишком много» людей. Поэтому иногда нужно добавить немного сложности или сделать оффер менее привлекательным. К тому же не каждый бизнес способен переварить такой поток лидов. Например, если ты лично встречаешься с определённым числом людей в день, объём быстро станет проблемой. Поэтому мы добавляем сложностей. Это повышает качество лидов. Чем больше шагов человек должен пройти, тем выше качество тех, кто дойдёт до конца. Главная задача с Бесплатными Офферами — найти баланс, при котором сохраняется объём, но растёт качество. Вот несколько примеров сложностей, которые помогают отсечь неподходящих клиентов и оставить только ценных.

Примеры «Сложностей»

1) **Повышение требований к участникам.** Пример: «Чтобы воспользоваться этим оффером, вам должно быть больше 25 лет, вы должны быть трудоустроены и владеть жильём». Если ты прописываешь конкретные критерии, объём снижается, но качество растёт. Такие сложности можно добавить на любом этапе рекламы — в тексте, в креативе, на сайте. И важно повторять эти условия везде, где человек соприкасается с твоим оффером.

2) **Увеличение количества и сложности вопросов.** Пример: «Перед тем как назначить звонок, пожалуйста, заполните анкету из 20 вопросов». Чем больше информации ты требуешь, тем больше это вызывает сложности. И не только количество вопросов, но и их тип влияет на уровень сложности. Например, «Имя» — это лёгкий запрос, а вот номер телефона или уровень дохода уже создают сопротивление. Даже формат ответа имеет значение: варианты выбора вызывают меньше сложности, чем длинные открытые вопросы.

3) **Увеличение количества шагов.** Если сделать процесс длиннее, часть людей отсеется на каждом этапе. Это *уменьшает* количество, но повышает качество. Однако ты можешь потерять и некоторых подходящих клиентов. Например, простая форма подписки с одним полем соберёт больше заявок, чем анкета из пяти шагов. А если человеку нужно подтвердить возраст, заполнить форму, посмотреть видео и только потом записаться, объём ещё сильнее упадёт. Поэтому важно найти баланс: добавить ровно столько сложностей, чтобы отсечь случайных людей, но не отпугнуть тех, кто тебе действительно нужен.

4) **Обязательное потребление контента.** Принуждение лида к просмотру продающего материала — мой любимый способ повысить их качество. Но это снижает объём. С помощью технологий мы можем заставить человека посмотреть 40-минутное видео до того, как на странице появится кнопка действия. Делая это, мы впускаем *только* тех, кто уже предварительно прогрет. Это хорошая стратегия, если ты показываешь рекламу широкой аудитории и показы стоят дёшево. Однако в других случаях объём может быть слишком низким, чтобы оправдать такие сложности. Этот элемент можно добавить и между этапами, когда ты уже *завоевал* немного больше внимания клиента. Это даёт тот же результат, но другим способом. Например, между первой и второй встречей. Как бы ты это ни делал, обязательное потребление контента уменьшает количество лидов, но повышает их качество.

5) **Длина рекламы.** Это близкий родственник обязательного потребления, но достаточно самостоятельный приём, чтобы выделить его отдельно. Длина твоих объявлений, текстов и видео до появления призыва к действию повышает качество лидов. Само по себе время, которое человек должен потратить, уже создаёт сложности. Например, просмотр двухчасового видео вместо 30-секундного добавляет сложности. Кликающих будет меньше, но каждый лид будет ценнее.

Я: Ого. Какой подробный ответ ты мне выдал. Теперь я вижу целую кучу способов использовать сложности, чтобы настроить процесс получения лидов так, чтобы лид стал идеально подходить для продажи нашего оффера.

#2 Некоторые Люди Вообще Не Собираются Покупать

Я: Но ведь часть людей придёт только за бесплатным и даже не захочет ничего покупать?

Ты: Да, это может привести к потере ресурсов, если мы раздаём что-то, что реально стоит денег. В идеале таких ситуаций стоит избегать, и именно поэтому так важно грамотно продумывать сам оффер. Но в итоге всё сводится к математике.

Математика Бесплатного Оффера

Если ты тратишь 1 000 долларов на рекламу

Получаешь 500 лидов

Половина из них некачественные (250)

А вторая половина — качественные (250)

Сравним с этим…

1 000 долларов на рекламу

200 лидов

80% качественных (160)

20% некачественных (40)

Какая кампания сработала лучше? Наша команда, возможно, почувствует себя увереннее со второй, но, если смотреть только на цифры, первая выгоднее. Поэтому важно давать ценность, не заходя слишком далеко. Так мы можем использовать большой объём и позволить себе за счёт сложностей «снимать сливки» сверху. Именно так работает сила бесплатного оффера.

Я: Понял. Значит, если математика сходится, я всё равно, скорее всего, сделаю больше продаж, просто придётся пройтись по тем, кто «просто хочет посмотреть». Но я могу добавить немного сложности, чтобы отсечь таких ребят. А в худшем случае — сделать Бесплатный Оффер достаточно ценным, чтобы его хотелось, но при этом не выходить за рамки своих возможностей. Звучит круто.

Миф: Бесплатное Притягивает Только Нищих

Надеюсь, на нашем небольшом примере, ты увидел плюсы и минусы Бесплатных Офферов. Лично я большой фанат Бесплатных Офферов. Один мой друг как-то пошутил: «Всё, что ты продаёшь, обычно бесплатно, но при этом ты каким-то образом умудряешься зарабатывать деньги!»

Поскольку я такой фанат Бесплатных Офферов, то хочу на минуту остановиться и разбить в пыль любые ограничивающие убеждения, которые у тебя могут быть насчёт «бесплатного».

Когда мы показывали владельцам тренажёрных залов, как использовать Бесплатные Офферы, они говорили: «Все придут только за халявой, это не мои идеальные клиенты».

Они и правы, и ошибаются одновременно.

Мы провели четыре независимых сплит-теста, сравнивая *бесплатные* и *премиум* Офферы. В каждом тесте участвовало десять разных тренажёрных залов.

Знаешь, что оказалось одинаковым в обоих случаях? Процент закрытия сделок. То есть, если у них было 10 откликов на «бесплатный» оффер и 10 откликов на «небесплатный», то конверсия была одинаковой. Получается, платный оффер не давал никакого преимущества ни в проценте закрытия, ни в среднем чеке по сравнению с бесплатным.

А вот что оказалось разным — это объём и стоимость лидов. В большинстве случаев переход с небесплатного входа на бесплатный снижал стоимость лида в пять раз и больше.

Полезный совет: Бесплатное приносит больше денег

Причина, по которой математика всегда на стороне бесплатного, в том, что большинство людей пытаются запустить Премиум Оффер, но продавать его по цене «бесплатного» оффера. Вот тут всё и ломается. Если ты знаешь, что стоимость лида для премиального оффера будет в 5–10 раз выше, то и цена должна быть минимум в 5–10 раз выше. Эмоционально это может казаться нелогичным, но это просто математика.

Если хочешь играть в премиальный сегмент, нужно, чтобы твой продукт реально стоил дороже. Это ошибка номер один, которую я вижу, когда люди сравнивают бесплатные и премиальные офферы. Это некорректное сравнение. Цена, Клиент, Процесс, Промо, Продукт - ВСЁ должно быть выстроено либо под *бесплатную модель*, либо под *премиальную*. Нельзя просто брать и смешивать их, это совершенно разные стратегии привлечения. Но даже при одинаковой цене, по моим тестам, Бесплатные Офферы стабильно выигрывают у Премиальных. Если только человек не овладел в совершенстве искусством продаж на высокий чек.

При этом я не говорю, что Бесплатный Оффер подходит для каждой ситуации и для каждого продукта. Но если ты научишься правильно использовать этот инструмент, то сможешь встроить «бесплатное» в мощную модель продаж.

Главное: если бы мне нужно было выбрать всего один оффер, от которого зависела бы конверсия — или жизнь моей семьи, — я бы выбрал бесплатный. Я лучше разберусь с кучей слабых лидов и добавлю сложности, чем буду смотреть в пустой календарь.

А теперь, когда мы разобрали Бесплатные Офферы, в следующей главе мы рассмотрим плюсы и минусы Офферов со Скидкой.

Скидочные Промоакции

Скидка превращает «хочу» в «это моё».
Зачем платить больше, если можно заплатить меньше?

Понимание Офферов со Скидкой

По сути, Бесплатные Офферы и Офферы со Скидкой работают почти одинаково с точки зрения модели продаж. Они создают ощущение несоответствия ценности и цены, и именно это побуждает людей к действию. При этом я *не* сторонник «мелких» скидок (вроде 5–25%). На мой взгляд, этого просто недостаточно, чтобы реально изменить поведение клиента. Такие скидки лишь съедают маржу.

Мы будем говорить о *серьёзных* скидках (50% и больше). Именно такие цифры действительно заставляют людей действовать. Они мотивируют тех, кто в обычной ситуации *ничего бы не купил*. И это ключевая задача Бесплатного Оффера или Оффера со Скидкой— *заставить откликнуться тех, кто иначе бы не заинтересовался.*

Примечание. В большинстве случаев Оффер со Скидкой — это лишь часть общего оффера, а не весь оффер целиком. Есть редкие исключения, но чаще всего скидка — это «кусочек продукта», а не весь продукт целиком. Надеюсь, это понятно. Если нет, то следующие примеры всё прояснят.

Четыре Способа Показать Скидку

Представим, что мы открываем киоск с лимонадом. Я говорю тебе: «Хочу попробовать один из Офферов со Скидкой. Как думаешь? Мне кажется, если добавить какую-то скидку, больше людей откликнется, но я не знаю, с чего начать…»

«Отличный вопрос. Придётся протестировать, но я покажу тебе схему, которую сам использую для тестирования скидок. Она поможет тебе по-новому взглянуть на то, как показывать Офферы со Скидкой».

«Смотри, есть четыре способа показать скидку. И важно знать их все. Люди по-разному реагируют на одну и ту же скидку, если её подать по-разному. Возможно, есть и другие варианты, но эти четыре — это самые распространённые и проверенные. Давай посмотрим на наш бизнес и попробуем все четыре. Ты заметишь, что иногда формат идеально «подходит», а иногда нет. Всё зависит от того, что мы продаём: что-то премиальное или обычное массовое. Часто именно цена оффера подсказывает, какой вариант подачи будет работать лучше всего».

Представим, что у нас есть «премиальный лимонадный набор», включающий три бутылки за 30 долларов в день (цифры не важны). И вот этот набор мы будем продвигать четырьмя *разными* способами.

<u>«Только Для Новых Клиентов» — Первая Неделя Лимонада 29 $ Вместо 210 $</u>

1) Скидка в процентах

    а) Скидка в процентах: «Специальное предложение для новых клиентов», 87% скидка на первую покупку

2) Скидка в абсолютной сумме

    а) Скидка в абсолютной сумме: «Скидка 181 доллар на первую неделю» (обычно 210 долларов)

3) Относительный эквивалент скидки

    а) Относительный эквивалент в отрицательной форме: «Сэкономь на ужин со стейком» (показывает, сколько ты экономишь)

    б) Относительный эквивалент в положительной форме: «Дешевле, чем обед в ресторане» (показывает, сколько это стоит в сравнении)

4) Просто новая цена со скидкой

    а) Просто цена со скидкой: Специальное предложение для новых клиентов 29 долларов

Видишь, насколько по-разному всё это выглядит и ощущается? Это одна и та же акция, просто поданная по-разному. Прогоняя все четыре варианта, ты сможешь проверить, что лучше откликается у твоей аудитории. И если победителей окажется несколько, ещё лучше! Это даст тебе больше патронов в обойме, когда твой промо-материал выдыхается.

Прежде чем идти дальше, подумай о других способах применить скидку в твоём оффере. Просто проделай это упражнение в уме и разомни свои мозги.

Полезный совет: Используй абсолютные цены, когда речь идёт о понятных продуктах и услугах

Чтобы скидка сработала, услуга должна быть хорошо понятна. Люди должны знать, сколько это примерно обычно стоит. В таких случаях скидки работают отлично. Если же ты делаешь скидку на что-то непонятное, оффер не сработает. Единственный способ это обойти, тебе сначала нужно назвать цену, а потом озвучить скидку (как в примере со «скидкой в абсолютной сумме» выше). Пример, который *не* сработает: «50% скидка на абонемент агентства». Никто не знает, что делает агентство и как именно. Да и цены у всех агентств разные. Поэтому в таком случае стоило бы придумать другой, более понятный оффер.

Как и раньше, поменяемся ролями. Теперь ты объяснишь мне плюсы и минусы скидок, как будто мы обсуждаем, стоит ли внедрять их в наш бизнес.

Плюсы Офферов со Скидкой

Я: Подожди, теперь я знаю, как показывать Офферы со Скидкой. Но почему я должен выбрать скидку вместо бесплатного оффера, если бесплатный самый сильный?

Ты: У скидок есть целый набор преимуществ, которых нет у Бесплатных Офферов. Нужно просто подобрать правильный инструмент под задачу. Сейчас объясню.

#1 Много Дешёвых Лидов в Рамках Закона

Я: Получается, что рекламировать бесплатные вещи незаконно?

Ты: Конечно нет, но в некоторых странах любые условия или креативные акции со словом «бесплатно» могут быть запрещены. Офферы со Скидкой позволяют рекламироваться легально и при этом получать приличный объём лидов. Особенно если сравнивать с Премиум Офферами, которые остаются единственной альтернативой.

Я: Понял. То есть скидки позволяют мне продвигаться там, где я не могу использовать «бесплатно», и при этом получать хорошие лиды.

Примечание: если ты работаешь в сильно регулируемой сфере, штате или стране, то Оффер со Скидкой может быть лучшим вариантом для твоего бизнеса.

#2 Ты Реально Получаешь Какие-то Деньги

Я: Значит мы всё-таки получаем деньги от людей, которые покупают со скидкой. Но ведь сумма будет небольшой, верно?

Ты: Верно. Это не принесёт много денег, но может частично компенсировать расходы на привлечение клиентов. Однако мы никогда не сможем построить бизнес так, чтобы именно эти деньги были *основным* способом покрытия наших затрат. Это просто первый шаг, способ привлечь клиента и начать с ним взаимодействие.

Я: Понял. То есть я могу получить немного денег сразу, чего не было бы при Бесплатном Оффере, и это приятно. Но на эти деньги не стоит рассчитывать как на источник финансирования рекламы.

#3 Люди Изначально Собираются Потратить Немного Денег

Я: Похоже, разница между такими лидами и бесплатными в том, что эти хотя бы заранее готовы заплатить, так что для них это не станет шоком.

Ты: Если честно, я считаю, что это скорее психологическое преимущество. У многих владельцев бизнеса и сотрудников есть дикие ограничивающие убеждения насчёт продаж и поведения покупателей. (Только не у тебя, конечно.) Поэтому, когда клиенты приходят уже с готовностью потратить деньги, это делает команду более уверенной и вовлечённой в процесс продаж. Конверсия по первому Офферу со Скидкой обычно выше, но вот Апселл на основной продукт остаётся на том же уровне. То есть настоящие деньги приходят именно со второй продажи.

Я: Понял. Значит, скидка нужна скорее для нас самих, чем для клиента. А фокус всё равно должен быть на второй продаже, где и лежит основная прибыль.

> **Полезный совет**
>
> Всё дело в уверенности продавца, а не в том, что люди якобы охотнее покупают. Хороший продавец покажет ту же конверсию с бесплатных и небесплатных лидов (если воронка и условия продаж одинаковые). Мы проверяли это в своём бизнесе четыре раза. Я тестировал это столько раз, что до сих пор удивляюсь результатам. Но, по какой-то причине, это действительно помогает продажникам чувствовать себя увереннее, и это нормально. Особенно когда речь идёт о владельцах малого бизнеса, у которых полно ограничивающих убеждений.

#4 Двухэтапная Продажа (возможно, главное преимущество)

Я: То есть, если я использую Оффер со Скидкой, я могу взять у клиента данные карты по телефону. Продажа проходит легко, и это создаёт базу для следующих сделок, которые будут происходить гораздо проще. Плюс я смогу взимать штрафы, если клиент не выполнит нужные действия в процессе продажи.

Ты: Именно. Если использовать Офферы со Скидкой для генерации лидов, они помогают избежать проблем вроде «неявок». Это особенно важно, когда услуга имеет реальную стоимость времени специалиста (например, врач). Нужно свести к минимуму количество клиентов, которые не приходят. И в отличие от бесплатных офферов, скидочные решают эту проблему почти полностью, ведь люди чаще приходят на то, за что заплатили (в 85–90% случаев и выше). Например, в нашем «лимонадном бизнесе» мы можем назначить звонок через 7 дней после окончания скидочного периода, чтобы узнать мнение клиента. И добавить, что, если он не придёт на этот звонок, мы спишем с него небольшой штраф, чтобы повысить вероятность, что он появится.

Эту стратегию можно прекрасно встроить в двухэтапную модель продаж. На мой взгляд, это, пожалуй, главная причина использовать скидки.

Я: То есть, если я хочу, чтобы люди прошли через несколько шагов до того, как я предложу им что-то дороже, Оффер со Скидкой поможет сделать так, чтобы они действительно эти шаги прошли. Плюс это создаёт лёгкое первое взаимодействие и формирует доверие, которое потом позволит плавно перейти к Апселлам. Класс!

#5 Офферы со Скидкой Облегчают Продажу Апселлов

Я: Теперь, когда у меня уже есть карта клиента после первой покупки, я могу просто спросить: «Хотите использовать ту же карту, что у нас в базе?» для следующего апселла. Это же так просто и удобно!

Ты: Да, в этом и суть. Мы предлагаем что-то ценное, но не основное, с огромной скидкой, чтобы привлечь лидов и получить данные карты по телефону. Клиент приходит в назначенное время, получает обещанное, а после этого мы предлагаем ему что-то гораздо дороже.

Например, мы можем предложить консультацию по анализу на тяжёлые металлы за 19 долларов, а затем, после встречи, сделать апселл и продать клиенту десятинедельную программу лимонадного детокса за 2 100 долларов. Это будет выглядеть так:

Реклама → Регистрация → Звонок с предложением акции за 19 долларов, Назначение встречи → Клиент приходит на встречу за 19 долларов → Получает ценность → Назначает вторую встречу, на которой продаётся программа за 2 100 долларов → Приходит на вторую встречу и покупает.

Ты удивишься, насколько больше людей совершают покупку, когда им не нужно снова доставать карту. Именно поэтому Amazon внедрил покупку в один клик, Disney даёт браслеты для оплаты, а многие другие компании делают всё, чтобы убрать любые препятствия. Они знают, что иначе продадут меньше. Мы же используем это знание в свою пользу.

Я: Понял. И это поможет обойти вечную отговорку «Ой, я забыл карту дома», ведь карта уже будет сохранена!

Полезный совет: Апселлить проще, чем продавать с нуля

Некоторые называют это принципом «нога в дверь». Суть проста: если человек уже что-то у тебя купил (пусть даже мелочь), вероятность, что он купит снова, резко возрастает. Офферы со Скидкой дают тебе это преимущество. Они позволяют превратить лидов в реальных покупателей, а это ключевой переход. После этого ты можешь сделать апселл и продать им свой основной оффер, используя два преимущества: сохранённую карту и доверие, которое возникло после того, как ты выполнил обещание по Офферу со Скидкой.

Заметка автора: Добавляй шаги по мере роста цены и сложности

Чем сложнее продукт, который ты продаёшь, или чем выше его цена, тем больше времени нужно лиду, чтобы решиться на покупку. Это можно сделать за один раз (например, на живом семинаре) или постепенно (через серию звонков с продажей). Оба подхода работают. Если у тебя проблемы с конверсией, возможно, ты просто проводишь слишком мало времени с лидом, прежде чем предложить ему купить.

Полезный совет: Если можешь, то отдавай время - оно стоит дешевле

Другой способ решить эту проблему (мой любимый) — не раздавать время врача. Вместо этого стоит перестроить первый визит так, чтобы с ним мог справиться администратор или ассистент. Например, человек приходит поставить брекеты, заполняет все нужные формы, делает рентген, проходит предварительное одобрение на финансирование и выполняет все прочие формальности. Это позволяет врачу работать только с самыми подходящими клиентами.

Обычно после такого визита можно назначить следующую встречу, на которой уже совершается продажа. Так ты убираешь расходы на тех, кто не приходит, предварительно отбираешь всех кандидатов и создаёшь лучшие условия, чтобы человек сказал «да» на следующем визите. Во время визита можно также заранее списать оплату с карты клиента как залог против неявки на следующую встречу. Это почти гарантирует, что человек действительно придёт и будет готов купить.

Я называю эту стратегию «Фирменный метод 5-минутной встречи» (можешь пользоваться). При желании врач может заглянуть между приёмами на пять минут, чтобы просто поздороваться и назначить основную встречу, где будет предложен и продан план лечения. Такой подход позволяет принимать клиентов постоянно, а не в узкое неудобное время «для новых пациентов». Расширение доступных временных слотов для встреч повышает процент записей лучше, чем любая другая мера.

Минусы Офферов со Скидкой

#1 Раздаём Всё Подряд

Я: Но разве мы не «раздаём всё подряд» с этим Оффером со Скидкой?

Ты: Ну, это зависит от того, что именно мы даём по скидке. Если постоянно снижать цену на *основной* оффер, люди быстро привыкнут покупать только тогда, когда есть скидка. Это плохо. Поэтому мы не используем это как бизнес-модель, а лишь как способ привлечения клиентов. Единственный случай, когда настоящие скидки на основный оффер работают, это если твоя ценовая модель построена на том, чтобы сильно завышать цены в «обычный сезон» и жить за счёт скидок. Так работают бренды одежды. Но это палка о двух концах. Поэтому мы «раскалываем» оффер на мелкие части и даём со скидкой только один ключевой компонент, а не всё подряд.

Я: А, теперь понял. Мы даём лишь маленький кусочек ценности, чтобы получить карту клиента и потом сделать апселл, а не превращаем это в основу бизнеса.

#2 Охотники за Скидками

Я: Но такие акции привлекут «охотников за скидками», как и Бесплатные Офферы?

Ты: Всё снова зависит от того, что именно мы предлагаем. Именно это когда-то стало проблемой Groupon. Компании начали замечать, что клиенты, пришедшие по скидке, не собираются покупать основной оффер. Но большинство из тех, кто жаловался, просто не умели правильно структурировать офферы, чтобы автоматически отбирать тех, кто может *стать* покупателем их основного продукта. Мы не должны рассматривать людей, купивших по скидке, как клиентов. Для тебя это пока просто квалифицированные лиды.

И обе эти проблемы решаются грамотной структурой оффера. Я расскажу об этом подробнее, когда дойдём до Раздела С «Продвинутый Стэкинг Офферов».

Я: Понял. Эти люди просто наш шанс сделать им апселл, и если всё правильно выстроить, они вполне могут стать идеальными клиентами. Чёрт, я и сам иногда покупаю что-то по скидке, а потом хочу ещё!

Заключение

На мой взгляд, Офферы со Скидкой можно эффективно использовать как на входе, так и на выходе воронки. Они способны резко повысить конверсию всех остальных офферов. Это действительно мощный инструмент, и я не преувеличиваю.

По моему опыту, в качестве входного оффера, скидки лучше работают с «понятными» услугами — стоматология, массаж, фитнес, стрижка и тому подобное. Люди уже знают примерные диапазоны цен, поэтому скидка кажется им привлекательной и стимулирует отклик. Главное, чтобы это было то, на что человек действительно хотел бы получить скидку.

Если клиент не понимает, что именно получает, то скидка теряет смысл, ведь ему не с чем сравнить. Поэтому если ты работаешь на понятном рынке или предлагаешь услугу, которая уже знакома людям, Офферы со Скидкой могут быть крайне эффективными на входе.

Ещё одно важное преимущество — скидки почти полностью устраняют неявки.

Заключение Раздела «Привлечение»

Если ты получаешь слишком мало откликов, скорее всего, твой вход воронки недостаточно привлекателен. Нужно дать людям, *которые обычно не реагируют*, вескую причину откликнуться. Самый быстрый способ сделать это — усилить свой Оффер Большого Шлема бесплатным или скидочным входом. Это работает и когда ты только осваиваешь первый канал привлечения, и когда добавляешь новый. Всегда помни: сначала генерируй поток, потом монетизируй поток, потом увеличивай сложность. Именно в таком порядке. Как я говорил в начале, я почти всегда начинаю с бесплатного или сильно уценённого оффера, чтобы было с чем сравнивать и что улучшать.

Чтобы этот процесс работал, ты должен знать свой бизнес и продукт лучше, чем твои клиенты. Почему? Потому что любая компания зарабатывает на преимуществе в информации. Мы знаем о проблемах клиентов больше, чем они сами. И используем это знание, чтобы показать им, с какими трудностями они столкнутся на пути, а потом помочь им пройти его с помощью апселлов. Так создаётся эффективная стратегия привлечения клиентов.

РАЗДЕЛ B:
ПРОБЛЕМА ДОРОГОГО КЛИЕНТА

Если ты можешь тратить больше, чем твои конкуренты, чтобы привлечь клиента, у тебя будет больше клиентов, чем у них.

Примечание автора**: *Следующие главы вошли в финальный черновик книги «$100МЛН Модели Продаж», но я убрал их в последний момент, потому что посчитал слишком теоретическими. Мне хотелось, чтобы книга оставалась максимально практичной. Но эти главы я по-настоящему люблю. Они помогут тебе понять главную проблему, с которой сталкивается большинство бизнесов при привлечении клиентов, и математику, которая объясняет эту проблему.*

Обрати особое внимание на этот раздел. Возможно, тебе придётся перечитать его несколько раз. *Это нормально.* Обучение не про скорость чтения и не про красивые конспекты. *Главное не кто читает, а кто делает.* <u>Большие деньги приходят из этого маленького раздела.</u> Возвращайся к нему до тех пор, пока не начнёшь делать. Оно того стоит. Обещаю.

Привлечение Клиентов за Счёт Самих Клиентов

Каждый клиент стоит денег. Чем быстрее ты возвращаешь эти деньги, тем быстрее можешь привлекать новых клиентов. Если ты удваиваешь вложенное быстрее, можешь превратить одного клиента в двух, двух в четырёх, четырёх в восемь и так далее. Если клиенты платят тебе достаточно быстро, деньги перестают быть узким местом роста.

Деньги сегодня стоят больше, чем деньги завтра. Поэтому умение заставить клиентов тратить больше и быстрее — это ключ к масштабированию любого бизнеса без внешнего финансирования. Единственная разумная альтернатива — это кредиты и инвесторы. Это может быть отличным шагом, если выбрать правильный момент, но слишком ранний старт может обернуться проблемами. Поэтому я предпочитаю привлекать клиентов за счёт самих клиентов. Иными словами, я хочу быть прибыльным с первого дня и оставаться прибыльным всегда (*без посторонней финансовой помощи*). Тогда, если я беру кредит или привлекаю инвестора, это происходит на моих условиях. Вот как я это делаю.

Привлечение клиентов за счёт клиентов (CFA Customer Financed Acquisition) *— это когда валовая прибыль (GP gross profit) за 30 дней от одного клиента превышает стоимость его привлечения (CAC - Cost of Acquiring the Customer).* Проще говоря, это решает все проблемы с денежным потоком. Я объясняю CFA так:

30-дневная валовая прибыль > CAC

Привлечение клиентов стоит денег. Нужно, чтобы деньги, потраченные на привлечение, возвращались как прибыль в первые тридцать дней. Тогда их можно снова пустить в оборот, чтобы привлечь *следующего* клиента. *Повторное использование денег — это круто.*

30-дневная GP > 2x CAC

А что, если пойти дальше? Что если каждый клиент приносит столько денег за первые тридцать дней, что этого хватает на привлечение ещё _двух_ новых клиентов?

Удвоение — это мой минимальный стандарт в реальной жизни. На практике я хочу, чтобы клиенты не просто окупали себя. Я хочу как минимум *удвоения или даже больше.* Если выстроить процесс так, то *тебе нужно будет «купить» только первого клиента.* А уже этот клиент оплатит всех последующих, и тогда бизнес будет расти с такой скоростью, какую он способен выдержать. В этом и есть суть CFA. И именно этому я тебя научу

Чтобы CFA работала, нужно задействовать **три рычага**…

Три рычага CFA

«Подожди, ты хочешь сказать, что мы можем получать деньги за то, что зарабатываем деньги? Запишите меня!» — я в молодости, обращаясь к себе постарше

Примечание автора**: *Здесь та же история. От тестовых читателей пришло слишком много вопросов по математике. А математика всех пугает, поэтому я решил вырезать этот раздел. Но я обожаю эту главу.*

Как Вырастить Бизнес

Есть два пути роста: <u>Привлекать больше клиентов</u> **ИЛИ** <u>Делать каждого клиента более ценным</u>. Чтобы бизнес рос, мы делаем и то, и другое.

Но есть ещё одна переменная, которая для меня важна — это *скорость*. Мне важно не только то, *что* бизнес растёт, но и то, *как быстро* он это делает. И если мы действуем с умом, мы можем получить всё сразу. Мы привлекаем больше клиентов, увеличиваем их ценность *и* делаем это быстро. Эти три элемента и создают три рычага CFA:

1) Привлекать больше клиентов → Снижать стоимость привлечения клиента (↓CAC)

2) Делать клиентов более ценными → Увеличивать их пожизненную валовую прибыль (↑LTGP - *Lifetime Gross Profit*)

3) Делать это быстро → Сокращать срок окупаемости (↓PPD - *Payback Period Days*)

Рычаг CFA №1: Привлекай Больше Клиентов → Снижай Стоимость Их Привлечения

Чтобы привлечь больше клиентов, нужно либо тратить больше на рекламу, <u>либо</u> снижать стоимость привлечения одного клиента **(CAC).** И чем ниже этот показатель, тем лучше. Он рассчитывается так: берётся сумма, потраченная на рекламу, продажи и сопутствующие процессы, и делится на количество привлечённых клиентов.

<u>Пример</u>: Ты платишь контент-мейкеру 10 000 долларов в месяц. Каждый месяц благодаря контенту, который он создаёт, приходит 10 новых клиентов.

CAC = 10 000 долларов / 10 клиентов = 1 000 долларов

Но то, сколько ты можешь тратить на привлечение клиента, зависит от того, сколько один клиент тебе приносит. Чем выше ценность клиента, тем больше клиентов ты можешь привлекать. Поэтому…

Рычаг CFA №2: Делай клиентов более ценными → Увеличивай их пожизненную валовую прибыль

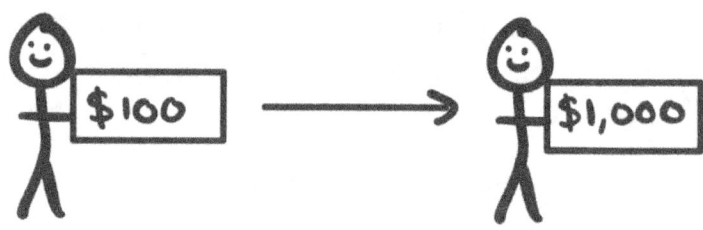

Чтобы привлекать больше клиентов, нужно тратить больше денег на рекламу. Но чтобы тратить больше на рекламу, нужно зарабатывать больше на уже имеющихся клиентах.

Валовая прибыль (GP) — это сумма, которую ты зарабатываешь с клиента после вычета расходов на то, чтобы предоставить ему купленный продукт. Она рассчитывается как цена, которую платит клиент, минус затраты на выполнение. Чем выше этот показатель, тем лучше.

<u>Пример с Продуктом</u>: я продаю товар за 100 долларов. Мне это стоит 20 долларов, включая производство и доставку до клиента.

GP = 100 $ (цена) – 20 $ (затраты) = 80 $.

<u>Пример с Услугой</u>: ты оказываешь услуги 10 покупателям по 1 000 долларов. Ты платишь одному сотруднику 2 000 долларов за обслуживание этих 10 клиентов.

Общая GP = 10 000 $ (продажи) − 2 000 $ (затраты) = 8 000 $.

GP на клиента = 8 000 / 10 клиентов = 800 $.

Чем больше мы зарабатываем с каждого клиента, тем больше можем тратить на их привлечение. Поэтому наша цель — зарабатывать как можно больше и как можно быстрее.

Рычаг CFA №3: Делай это быстро → Сокращай срок окупаемости

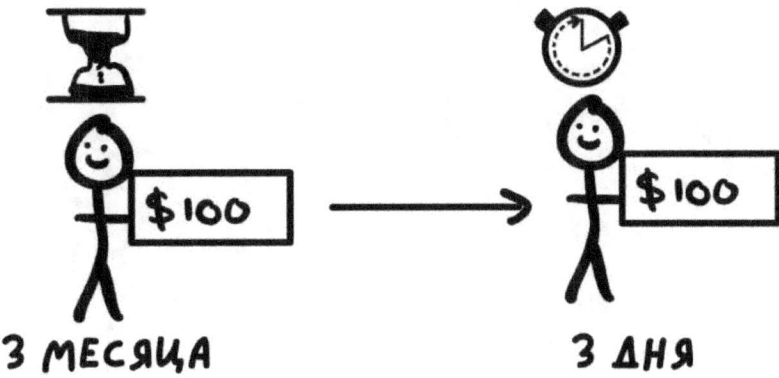

Снижение CAC и рост GP не происходят в вакууме, всё это занимает время. Если клиент окупает сам себя сегодня, то завтра ты можешь привлечь нового. Если клиент окупается за тридцать дней, то следующего можно будет привлечь только через тридцать дней. Что лучше? Конечно, первый вариант. Главная причина заключается в том, что так можно расти в тридцать раз быстрее. В реальном мире скорость имеет значение. Технический термин для этого — **срок окупаемости (Payback Period)**. Иными словами, *это время, за которое валовая прибыль от клиента превышает стоимость его привлечения.* Это когда: **GP > CAC.**

Итог: Дальше в этом разделе ты узнаешь, как сделать GP максимально высоким, а CAC максимально низким, и как добиться этого как можно быстрее (то есть сократить PPD). Чем ниже CAC, тем быстрее ты выходишь в ноль. Чем выше GP, тем быстрее ты начинаешь получать денежный поток и расти. А мы добиваемся и того, и другого — *быстро.*

Понимание Рычагов

Тебе не нужно то… тебе нужно это.

Примечание автора**: *Следующие три главы содержат подробные математические примеры. Изначально я написал их как часть внутреннего документа, который потом вошёл в книгу «$100МЛН Модели Продаж», но в итоге был удалён.*
Однако «денежная математика» — это язык бизнеса.
Если хочешь подняться на следующий уровень, это глубокое понимание тебе пригодится.

Три рычага привлечения: Стоимость Привлечения Клиента (CAC), Пожизненная Валовая Прибыль (LTGP) и Срок Окупаемости (PPD). Умение рассчитывать и улучшать эти показатели позволяет реализовать модель Привлечение Клиентов за Счёт Клиентов (CFA). Ниже мы подробно разберём каждый из них. Как я уже говорил, это материал для продвинутых, поэтому я его вырезал из основной книги. Но если тебе нравится такая штука… то скорее всего, ты и зарабатывать будешь неплохо.

Стоимость Привлечения Клиента (CAC)

Сколько тебе стоит зарабатывать деньги?

Каждый владелец бизнеса хочет находить новые недорогие способы привлечения клиентов. Ведь чем меньше ты тратишь на привлечение, тем лучше соотношение между расходами и прибылью. Потратить 10 долларов, чтобы заработать 1 000, выглядит куда привлекательнее, чем потратить 900, чтобы получить те же 1 000. Именно так и создаются по-настоящему большие состояния.

Вот в чём проблема. Большинство предпринимателей никогда не считали свой реальный CAC. Они просто смотрят, сколько стоит реклама на одного клиента. Или думают, что клиенты с помощью контента приходят «бесплатно». Или не учитывают стоимость работы отдела продаж, считая только комиссии. А потом в конце месяца удивляются, почему нет прибыли. Та продажа на 1 000 долларов, которая, как тебе казалось, стоила 200, на самом деле обошлась в 500. И хоть разница кажется небольшой, в некоторых бизнесах это грань между 1 000 000 и 10 000 000 долларов в месяц. Вот насколько это важно.

Теперь разберёмся, как точно узнать свой CAC. В отличие от LTGP, этот показатель просто чистая математика. Ты можешь и должен точно знать, сколько стоит привлечение клиента каждый месяц по каждому каналу. Если не знаешь и ждал какой-то знак, чтобы начать считать, то… вот он. Разберём три примера.

Стоимость Привлечения Клиента (CAC): *это расходы на получение нового клиента:* рекламный бюджет, зарплата медиабайеру, работа креативной команды, софт, комиссии и зарплаты продавцов и так далее.

a) <u>Пример с Холодными Контактами</u>: Ты используешь софт для email-рассылок за 200 долларов в месяц. Платишь сотруднику 3 000 долларов в месяц за то, что он пишет холодные письма. Эти письма превращаются во встречи, а затем в восемь продаж в месяц. Ты выплачиваешь продавцу 100 долларов за каждую продажу.

Какой CAC?

Общие расходы на восемь продаж:

3 000 $ email-специалист + 200 $ софт + 800 $ комиссии (8 × 100) = 4 000 $

Теперь делим на количество новых клиентов:

Стоимость Привлечения Клиента (CAC) = 4 000 / 8 = 500 $.

б) <u>Пример с Контент-Маркетингом</u>: У тебя есть два сотрудника в медиа-команде, каждому ты платишь по 5 000 долларов в месяц. Они помогают тебе создавать, редактировать и распространять контент на всех платформах. Этот контент приносит входящие заявки и регистрации на сайте. Эти лиды превращаются в десять новых клиентов. Ты выплачиваешь комиссию 100 долларов за каждую продажу.

Какой CAC?

Общие расходы на десять новых клиентов:

Зарплата медиа-команды: 5 000 $ × 2 = 10 000 $

Комиссии: 10 продаж × 100 $ = 1 000 $

10 000 $ + 1 000 $ = 11 000 $

Стоимость Привлечения Клиента (CAC) = 11 000 $ / 10 клиентов = 1 100 $

с) <u>Пример с Платной Рекламой</u>: ты платишь медиабайеру 4 000 долларов в месяц. Тратишь 20 000 долларов на рекламу. Выплачиваешь 1 000 долларов комиссий за каждую продажу. Ещё 1 000 долларов уходит на софт для отслеживания и обработки входящих лидов. В итоге ты получаешь десять новых клиентов.

Какой CAC?

Общие расходы на десять новых клиентов:

Зарплата медиабайера: 4 000 $

Расходы на рекламу: 20 000 $

Расходы на софт: 1 000 $

Комиссии: 10 продаж × 1000 \$ = 10 000 \$

4 000 \$ + 20 000 \$ + 1 000 \$ + 10 000 \$ = 35 000 \$

Стоимость Привлечения Клиента (CAC) = 35 000 \$ / 10 клиентов = 3 500 \$

Твой ход: Посчитай свой CAC за последние несколько месяцев. Если ты рекламируешься разными способами или на разных платформах, вычисли, во сколько тебе обходится клиент на каждой из них. Результаты могут удивить. <u>Подсказка</u>: одно из первых действий, которое мы делаем, когда инвестируем в компанию — это полный анализ привлечения клиентов. В половине случаев мы находим канал или платформу, которая работает значительно лучше других. А дальше мы просто усиливаем тот, который даёт клиентов по наилучшей цене.

Теперь мы понимаем, что такое CAC и как его считать, независимо от метода рекламы. Отлично. Дальше, если мы уже не можем снизить CAC, то следующий важный рычаг — это увеличение суммы, которую мы можем себе позволить платить по сравнению с конкурентами. Сделать это можно, увеличив пожизненную валовую прибыль с одного клиента (LTGP)…

Пожизненная Валовая Прибыль (LTGP)

Гонка вооружений в бизнесе.

LTGP: *это сумма <u>валовой прибыли</u>, которую бизнес получает за <u>всё время</u> работы с клиентом.* Другими словами, это общий доход, который ты зарабатываешь с клиента, минус все расходы на предоставление продукта или услуги.

Это легко понять, но бывает сложно посчитать, если у тебя нет CRM-системы или другого инструмента, который отслеживает эти метрики. Ничего страшного. Сейчас я покажу тебе простые способы рассчитать это «на коленке».

LTGP (шаг первый): Валовая Прибыль

Первое, что тебе нужно определить, что такое валовая прибыль. По-простому, *это сумма, которая остаётся после покупки, когда ты предоставил товар или услугу.* Важно: это не чистая прибыль, которая остаётся в конце месяца после оплаты *всех* расходов. Это только та сумма, что остаётся после продажи основного продукта или услуги. Именно из этой валовой прибыли ты оплачиваешь остальные счета и, надеюсь, оставляешь что-то себе в конце месяца. Другими словами, ведешь успешный бизнес.

Примечание автора: Многие предприниматели путают <u>Валовую прибыль</u> и <u>Чистую прибыль</u>

Валовая прибыль — это деньги, которые остаются после вычета только расходов на производство и предоставление твоего продукта или услуги.

Чистая прибыль — это деньги, которые остаются после вычета всех расходов.

<u>Пример с Товаром</u>: Я продаю товар за 100 долларов. Его производство и доставка конечному клиенту обходятся мне в 20 долларов. Моя валовая прибыль составляет 100 минус 20, то есть 80 долларов.

Кроме того, валовая маржа — это валовая прибыль, выраженная в процентах от общей цены, по которой ты продаёшь. Валовая маржа и валовая прибыль часто используются в похожих контекстах. Не позволяй сбить тебя с толку. Это одна и та же идея. Но разница в том, что валовая прибыль выражается в абсолютных цифрах (в деньгах), а валовая маржа в процентах. В этом примере моя валовая прибыль 80 долларов, а валовая маржа 80 процентов (80 из 100). Отличная разминка, теперь разберём пример с услугами.

<u>Пример с Услугой №1</u>: Я оказываю услуги ежемесячно. У меня один аккаунт-менеджер на десять клиентов. Каждый клиент платит мне по 3 000 долларов в месяц. Зарплата менеджера составляет 6 000 долларов в месяц. Давай посчитаем валовую прибыль и валовую маржу.

Клиентов у менеджера = 10.

Доход с клиента = 3 000 $

Расход на менеджера = 6 000 $

Итак, каждый менеджер ведёт 10 клиентов × 3 000 $/месяц = 30 000 $/месяц выручки на одного менеджера. Если предположить, что у меня нет других расходов на оказание услуги, то моя валовая прибыль составит 24 000 $ (30 000 $ доход – 6 000 $ расход). Моя валовая маржа = 24 000 $ / 30 000 $ = 80%. Значит, моя валовая прибыль с одного клиента = 3 000 $ × 80 % = 2 400 $. Круто, правда?

Твой ход: Определи свою валовую прибыль и валовую маржу для каждого продукта, который ты продаёшь, и для бизнеса в целом. <u>Подсказка</u>: тебя может удивить, что некоторые продукты, на которые ты тратишь много времени, на самом деле приносят меньше прибыли, чем ты думал.

LTGP (шаг второй)

Определи среднее количество покупок, которое клиент делает за всё время взаимодействия с тобой.

Если твоя CRM показывает это — отлично. Но часто она этого не делает. А даже если делает, данные бывают неточными, особенно если ты только начинаешь и воронка ещё не автоматизирована. Поэтому полезно понимать, как делать эти расчёты вручную. Я покажу тебе несколько способов расчёта «на коленке», которые можно использовать в разных ситуациях.

<u>Важно</u>: расчёт среднего количества покупок всегда будет примерным, потому что каждый день клиенты совершают новые покупки. И чем старше бизнес, тем больше «пожизненных» покупок совершают клиенты. Вот какими способами я это оцениваю.

1) Экспортируй данные о своих клиентах за весь период. Отсортируй по количеству транзакций. Найди среднее значение в этом столбце. Готово.

   а) Пример: среднее количество транзакций = 4

2) Если у тебя бизнес с регулярными платежами, расчёт делается по-другому. Это заставляет нас ввести новое понятие Отток Клиентов (**Churn**). Оно означает процент клиентов, которые уходят между периодами. Например, если в начале прошлого месяца у нас было 100 клиентов, а к этому месяцу из этих 100 ушло 5, значит наш Отток (Churn) составляет 5%.

   а) Прошлый период = 100

   б) Текущий период = 95

   в) Разница = 100 − 95 = 5

   г) Отток клиентов = Количество ушедших, делённое на исходное количество = 5 / 100 = 5%

<u>Примечание</u>: Многие часто путаются. Не будь одним из них. Если ты подписываешь новых клиентов в этот период, то это никак **не** влияет на показатель оттока. Количество ушедших из исходной группы остаётся тем же. Ты можешь подписать ноль или тысячу новых клиентов за тот же месяц, но ты всё равно потерял пятерых из первых ста, и твой отток остаётся 5%.

Твой ход: Вычисли количество транзакций (покупок) или уровень оттока. Теперь, когда мы это определили, остаётся просто объединить первый и второй шаги, чтобы получить пожизненную валовую прибыль.

LTGP (шаг третий)

Если у тебя бизнес с физическими товарами, умножь среднюю валовую прибыль на количество транзакций (покупок). А если у тебя бизнес с регулярными платежами, раздели валовую прибыль на процент оттока.

<u>Пример LTGP для Физического Продукта:</u>

Валовая прибыль × Среднее количество транзакций на клиента = LTGP

80 $ × 4 = 360 $

Вот и всё!

<u>Пример LTGP для Услуг:</u>

Валовая прибыль / Отток = LTGP

2 400 $ / 5% = 48 000 $

Бинго. Видишь?

Обычная математика — это не весело. Финансовая математика — всегда веселее.

Тем не менее, я хочу сделать одно важное замечание. LTGP — это «гонка вооружений» в бизнесе. *На аукционе внимания побеждает тот, кто может потратить больше всех, чтобы привлечь клиента* (Дэн Кеннеди). Или, как я предпочитаю говорить, *побеждает тот бизнес, который умеет извлекать из клиента наибольшую ценность.* В конце концов, стоимость привлечения клиента (CAC) можно снизить только до нуля, а LTGP может расти бесконечно. По моему опыту, сделать рекламу более эффективной проще, чем заставить людей оставаться дольше. CAC — это про привлечение клиентов. LTGP — это про их удержание.

Это подводит нас к последнему рычагу CFA — Срок Окупаемости (PPD).

Срок Окупаемости (PPD)

Как быстро ты возвращаешь свои деньги?

Если подумать, что такое бизнес, то это коробка, в которой ты получаешь гораздо более высокий возврат на вложенные средства, чем на фондовом рынке, и при этом с меньшими вложениями. Ценность бизнеса в том, что он способен давать возврат в 5, 10 или 20 раз больше за считанные недели или месяцы по сравнению с 10 процентами годовых на протяжении нескольких лет.

Срок Окупаемости (Payback Period): *время, за которое ты выходишь в ноль по затратам на привлечение нового клиента.*

<u>Пример</u>: ты зарабатываешь 50 долларов в месяц валовой прибыли с нового клиента. Стоимость привлечения клиента составляет 100 долларов. Первый платёж ты получаешь в первый день, то есть возвращаешь 50 долларов из своих 100. Второй платёж поступает на 31-й день, и ты возвращаешь оставшиеся 50 долларов. Следовательно, общий срок окупаемости 31 день.

В этой главе я буду использовать гипотетический бизнес (лимонадный киоск), чтобы объяснить концепции и модели привлечения клиентов, сделать их простыми и понятными. А главное, чтобы доказать, что эти модели работают для любого бизнеса, включая и *твой*, каким бы он не был.

Давай Откроем Лимонадный Киоск

Ну что ж, вот мы и здесь. У нас зарождающийся бизнес по продаже лимонада. Мы мечтаем стать Цитрусовыми Королями целой лимонной империи. Но есть ли у нас навыки, чтобы это сделать?

Предположим, мы начинаем с модели регулярных продаж лимонада. Для простоты возьмём цену 10 долларов в месяц с клиента. Пусть средний клиент остаётся с нами пять месяцев, то есть приносит 50 долларов выручки за всё время сотрудничества. (Примечание: можешь добавить или убрать нули по желанию. Это может быть и 10 000 долларов в месяц, и 50 000 долларов за всё время. Всё зависит от продукта, бизнеса или цен, к которым ты стремишься. Принципы при этом остаются теми же).

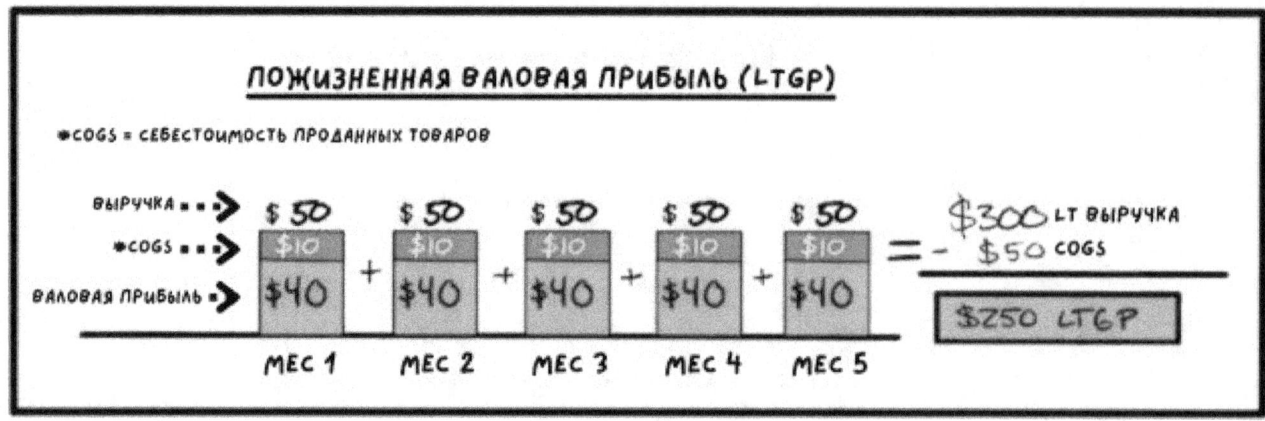

Теперь предположим, что у нас валовая маржа 80%. В этом гипотетическом бизнесе мы тратим 2 доллара в месяц на обслуживание лимонадной подписки за 10 долларов в месяц (доставка, порошок лимонада, фильтрованная вода и так далее). 10 − 2 = 8 долларов валовой прибыли. Это и есть 80% валовой маржи. Это значит, что из 50 долларов, которые мы зарабатываем, 40 долларов составляют валовую прибыль. То есть они идут на оплату других расходов (например, аренду за место под киоск, бухгалтерию) и на прибыль нам как владельцам. В этом примере, так как средний клиент покупает лимонад в течение пяти месяцев, значит наш LTGP составляет 250 долларов. Зная только то, сколько мы зарабатываем (LTGP), невозможно понять, станет ли наш лимонадный бизнес ракетой или провалом. Нам нужно также учесть CAC и потом PPD, чтобы полностью оценить наш потенциал роста.

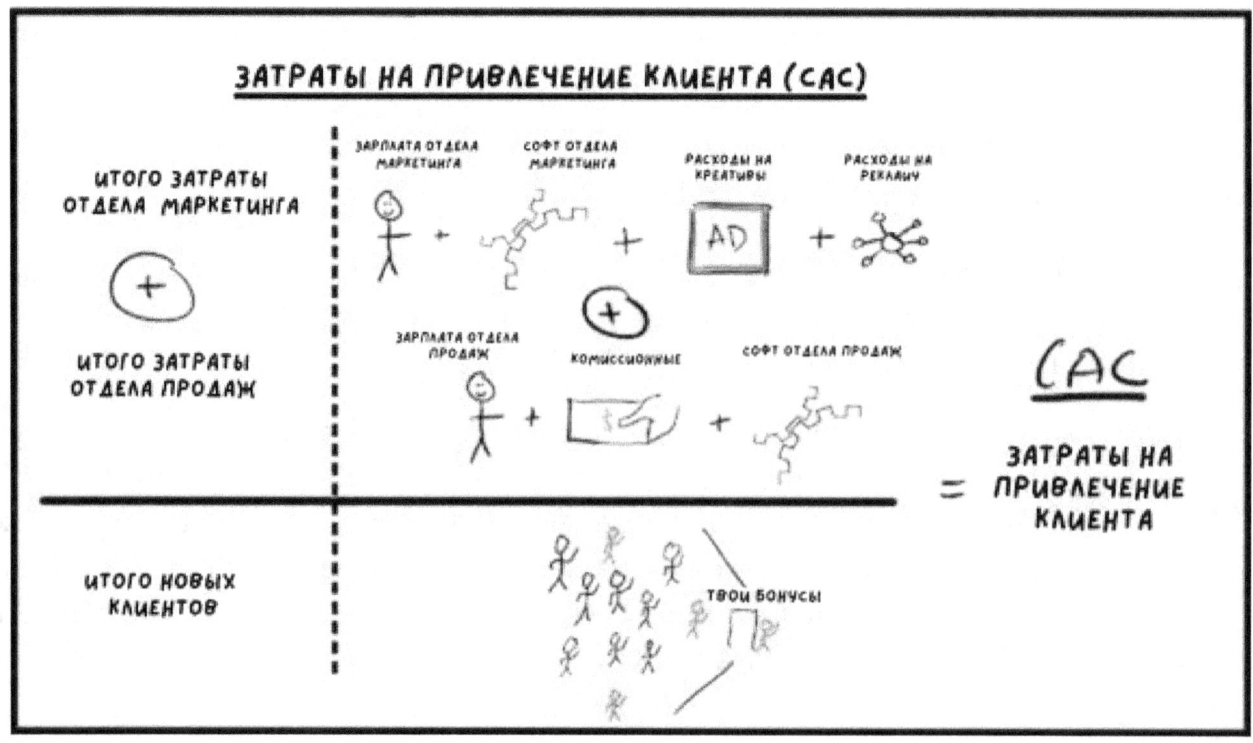

Сколько составляет CAC для клиента, который платит нам 10 долларов в месяц? Это следующая информация, которая нам нужна. В эту сумму входят *все* расходы на привлечение клиента: рекламные бюджеты, зарплаты медиабайеру, креативной команде, стоимость софта, который они используют для создания рекламы, а также комиссионные и оклады отдела продаж. (Если тебе больше нравятся картинки, я постарался показать это выше.)

Самый простой способ посчитать CAC «на коленке» — это посмотреть на любой период в прошлом (например, за последние 3, 6, 9 или 12 месяцев).

Формула:

(все расходы на маркетинг и команду продаж + реклама + софт) / CAC
= общее количество клиентов, привлечённых за этот период

Пример:

400 000 $ общие затраты на привлечение всех клиентов за 12 месяцев / 40 $ CAC
= 10 000 клиентов, привлечённых за 12 месяцев.

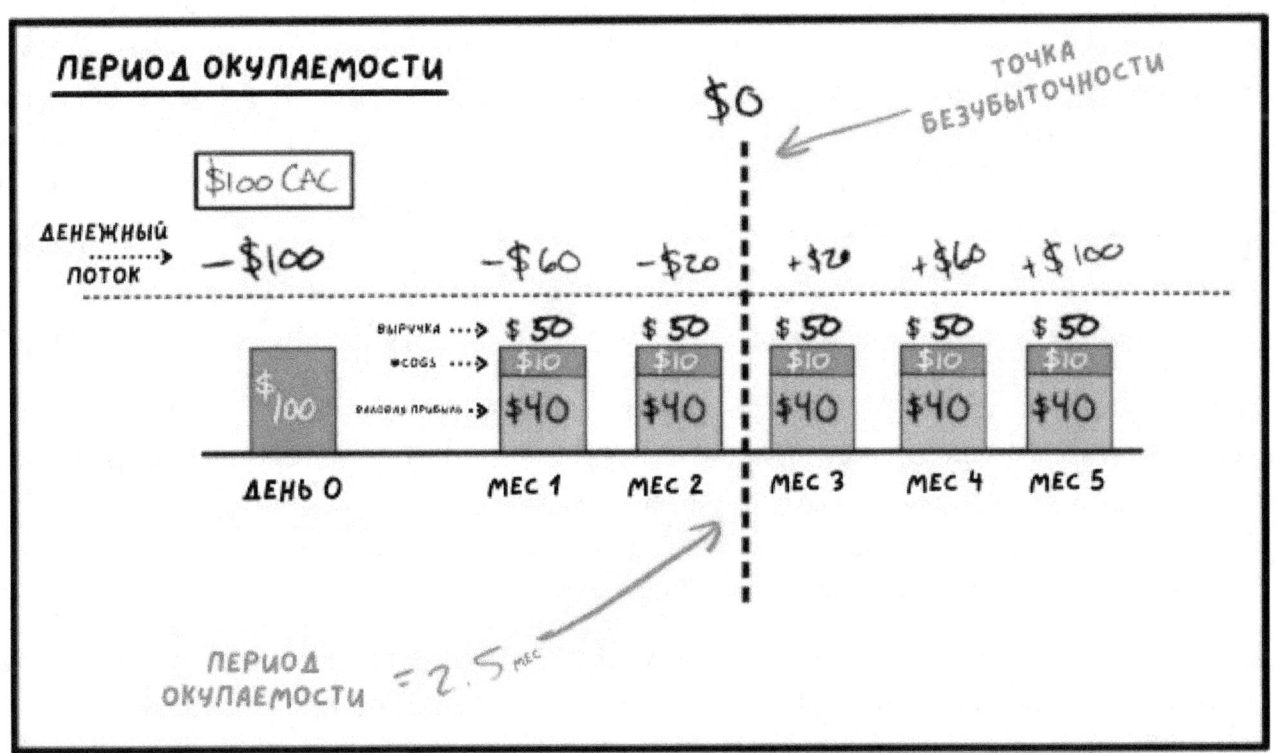

Итак, как быстро наш лимонадный киоск возвращает стоимость привлечения клиента (CAC) и начинает приносить прибыль? Другими словами, каков срок окупаемости. Срок окупаемости важен, потому что от него зависит скорость, с которой ты можешь умножать свой капитал. Удвоить деньги за один месяц или за три может показаться не такой уж большой разницей. Но на самом деле это *огромная разница*, когда речь идёт о четырёхкратной разнице в потенциале роста. Если мы удвоим деньги за один месяц (2x), затем удвоим уже удвоенную сумму во втором месяце (4x), а потом удвоим её снова в третьем (8x), то в итоге получим восемь раз от исходной суммы. В то время как пример с тремя месяцами даст только одно удвоение за тот же период. Значит, первый бизнес растёт в четыре раза быстрее (8x/2x = 4x), если <u>считать</u> поквартально. *Вот* почему срок окупаемости так важен.

Самый Ценный Показатель Алекса: Деньги за 30 дней (30D Cash)

Цель этого раздела — это помочь тебе понять принцип «Привлечение Клиентов за Счёт Клиентов (CFA)». Что это такое? Как этого достичь? И как это масштабировать?

Ключевой фактор в этом процессе — *время*. Если бы у тебя было неограниченное время, чтобы вернуть долг, вероятность того, что ты его вернёшь (при условии честного поведения), стремилась бы к 100%. Чем короче срок, тем ниже вероятность. Когда ты научишься управлять временной линией денежного потока, ты откроешь путь к безграничному росту. Именно это позволило мне перейти от 1 036 долларов на банковском счёте к более чем 100 миллионам долларов за несколько лет... используя деньги других людей, чтобы финансировать рост бизнеса. Так что же такое «деньги за 30 дней»?

30D Cash — *это сумма валовой прибыли, которую я могу получить от нового клиента за первые 30 дней.*

Причина, по которой 30 дней так важны для малого бизнеса, в том, что обычно именно на этот срок бизнес может получить беспроцентное финансирование. Самой простой пример — это кредитные карты. Если я смогу увеличить свой «30D Cash» выше, чем мой CAC, это будет означать, что я могу получать бесплатных клиентов, используя деньги других людей.

Другими словами, я использую кредитную карту с нулевой ставкой, чтобы привлекать новых клиентов. И к моменту, когда подходит срок первого платежа (через 30 дней), я полностью погашаю задолженность за счёт прибыли, которую принесли новые клиенты. В конце месяца мой долг по карте снова равен нулю, а я могу снова использовать её на полную сумму, получить новых клиентов (которые уже окупили себя) и, возможно, немного прибыли для себя. Вот так можно постоянно получать бесплатных клиентов и зарабатывать при этом деньги.

Посмотри на рисунок ниже. Я не могу вставить видео в книгу, поэтому просто следуй за цифрами в кружках по порядку, чтобы понять каждую из пяти точек. Ниже я подробно разберу каждую из них.

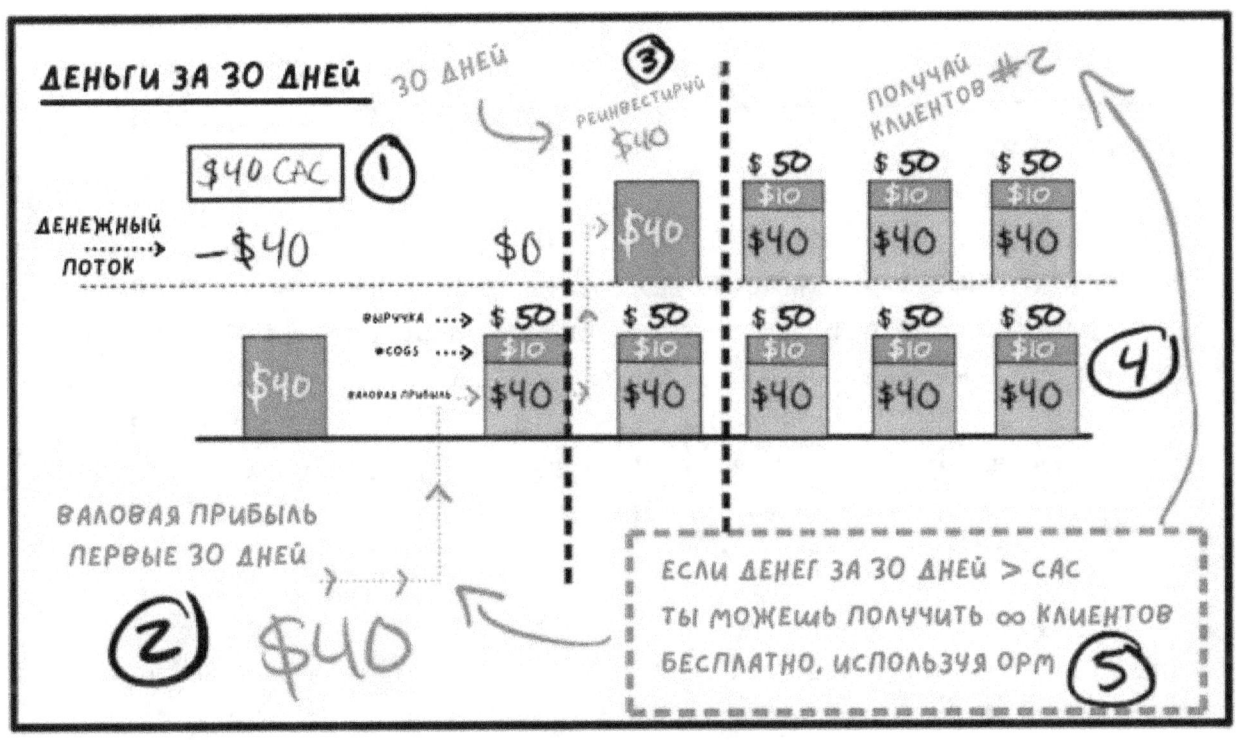

1) День 0: Мы берём в кредит 40 долларов, чтобы привлечь первого клиента.

2) Между первым и тридцатым днем: Мы зарабатываем 50 долларов выручки. Наши расходы на исполнение составляют 10 долларов, значит остается 40 долларов валовой прибыли.

3) День 30: Мы отдаём первоначальный долг в 40 долларов из этой валовой прибыли, и наш баланс снова равен нулю. После 30 дней у нас нет долгов, и есть клиент, который продолжает приносить нам прибыль каждый месяц. Затем мы снова берем 40 долларов, чтобы привлечь ещё одного клиента.

4) Между тридцатым и шестидесятым днем: Мы получаем ещё 40 долларов валовой прибыли от первого клиента и оставляем их себе.

5) День 60: Наш второй клиент приносит ещё 40 долларов валовой прибыли, которые мы используем, чтобы снова погасить долг и вернуть баланс к нулю.

В итоге у нас два клиента, которые приносят по 80 долларов валовой прибыли в месяц, и ноль долгов.

Используя этот процесс, мы можем финансировать каждого нового клиента за счёт денег предыдущих клиентов (или, как говорят некоторые, за счёт «чужих денег», то есть OPM - other people's money). Единственные деньги, которые нам нужны на старте — это первоначальные затраты на привлечение клиента.

Заметка автора

Этот процесс создан для того, чтобы бизнес мог получать финансирование от своих клиентов, а не от внешних инвесторов. Если ты применишь эти принципы, тебе не понадобится внешний капитал. Всегда есть умный способ заставить клиентов оплатить твой рост, нужно только его найти. Если у тебя уже есть капитал, ты можешь использовать эти стратегии, чтобы направить свои деньги на развитие продукта и команды, а не на привлечение клиентов.

Понимание этих трёх показателей: 1) LTGP (пожизненная валовая прибыль), 2) CAC (стоимость привлечения клиента) и 3) срок окупаемости — это ключ к тому, чтобы понять, как разблокировать рост через привлечение клиентов. На этой основе мы будем выстраивать модель **Привлечение Клиентов за Счёт Клиентов (CFA - Customer Financed Acquisition)**, святой грааль клиентского привлечения.

Пример Проблемы: Обычный Лимонадный Бизнес

Допустим, мы научились привлекать клиентов через какой-то канал (прямой обход по квартирам, email-рассылку, рекламу, холодные звонки и т. д.). С помощью этого канала мы привлекаем клиентов по 20 долларов, а срок окупаемости составляет два месяца. Каждый клиент с этого канала приносит нам 40 долларов LTGP. Отлично. Теперь у нас есть три переменные. Посмотрим, как будет выглядеть наш бизнес в ежедневной работе с точки зрения денежного потока.

У нас пока нет клиентов. Поэтому мы собираем все что у нас есть и тратим 20 долларов на маркетинг. После этих трат мы получаем одного клиента, который платит нам по 10 долларов в месяц. Нам стоит 2 доллара в месяц оплачивать работу сотрудника, который выполняет заказы. Значит, в первый месяц мы возвращаем 8 долларов из потраченных 20. Во втором месяце зарабатываем ещё 8. А в третьем месяце снова получаем 8, и теперь у нас уже на 4 доллара больше, чем мы потратили на привлечение клиента. Потом клиент остаётся ещё на два месяца, принося нам по 8 долларов прибыли каждый месяц, всего 20 долларов валовой прибыли. Ура, мы удвоили вложенные 20 долларов за пять месяцев! Не так быстро, как хотелось, но давай посмотрим, как это выглядит...

День 0 (-20 $): Мы тратим 20 $ на маркетинг.

День 30 (-12 $): Мы зарабатываем 10 $, из них валовая прибыль 8 $, но она идёт на покрытие затрат на привлечение клиента.

День 60 (-4 $): Мы снова зарабатываем 10 $, из них валовая прибыль 8 $, всё ещё уходит на покрытие CAC.

День 90 (+4 $): Мы зарабатываем 10 $, валовая прибыль8 $. Наконец-то начинаем зарабатывать! +4 $ доллара.

День 120 (+12 $): Мы зарабатываем 10 $, валовая прибыль 8 $.

День 150 (+20 $): Мы зарабатываем 10 $, валовая прибыль 8 $, но клиент отменяет подписку (печалька).

Бизнесу нужно платить фиксированные расходы, такие как аренду, коммунальные услуги, софт и прочее. А ещё выплачивать нам как владельцам (в конце концов, ради этого всё и затевалось). Судя по приведённым цифрам, развивать такой бизнес будет очень непросто. Но это очень распространённая ситуация. Обрати внимание: реальные деньги возвращаются нам только к третьему месяцу, при этом бизнес всё это время нужно поддерживать и управлять им.

Заметка автора

Сколько ты зарабатываешь (LTGP), как быстро ты это зарабатываешь (PPD) и сколько стоит это заработать (CAC) — всё это определяет, способен ли ты построить по-настоящему классный бизнес.

Пример Решения: Идеальный Лимонадный Бизнес

Допустим, ты умный предприниматель, приходишь ко мне и говоришь: «Должен же быть способ получше».

Согласен.

Потом ты читаешь книги серии «$100МЛН». А потом перечитываешь их ещё раз.

И вот ты уже стал мастером в привлечении клиентов. Ты находишь способ привлекать клиентов дешевле и получать возврат быстрее. Благодаря этим новым навыкам представим, что теперь наша стоимость привлечения клиента всего 1 доллар (CAC = 1 $), и мы возвращаем этот доллар обратно через семь дней (PPD = 7 дней).

С этой новой моделью мы тратим 1 $ на маркетинг, используя новый канал и подход. Чтобы не усложнять расчёты, предположим, что цены и маржинальность остаются прежними. Мы по-прежнему зарабатываем 8 $ валовой прибыли в первую неделю и ещё по 8 $ в месяц следующие четыре месяца, всего 40 $.

Вот тут начинается самое интересное. Поскольку наш CAC такой низкий, а период окупаемости такой короткий, мы можем вернуть один потраченный доллар практически сразу. Затем мы можем использовать оставшиеся 7$ валовой прибыли с первой продажи, чтобы привлечь *ещё семь* клиентов. А с них ещё по семь, и так далее. Вот это уже бизнес, который приятно развивать. Сложно представить это только на словах, поэтому давай разложим всё на цифрах.

День 0 (-1 $): Мы тратим 1 доллар на маркетинг.

День 7 (+7 $): Мы привлекаем клиента, который платит 10 $. Мы зарабатываем 8 $ валовой прибыли, покрываем CAC в 1 $ и остаётся 7 $ сверху.

День 8 (0 $): Мы снова тратим эти 7 $ валовой прибыли на привлечение лидов. Теперь у нас опять ноль (но всё нормально).

День 14 (+56 $): Мы привлекаем *ещё* семь клиентов по 1 $ за каждого. Каждый платит по 10 $, всего 70 $. Валовая прибыль — по 8 $ с каждого, то есть 7 × 8 = +56 $. Ура!

День 15 (+49 $): Мы теперь имеем достаточно денег, чтобы привлечь 49 новых клиентов. Но мы решаем, что не справимся с таким потоком, и ограничиваемся ещё семью. Тратим 7 $ на маркетинг, чтобы получить новых клиентов. 56 − 7 = 49 $.

День 22 (+105 $): Успех! Мы снова привлекли семь клиентов за 7 $ маркетинга, заработали ещё 7 × 8 = +56 $ валовой прибыли. Всё начинает становиться по-настоящему безумным!

День 30 (+105 $): Мы делаем паузу, чтобы перевести дух.

День 37 (+113 $): Мы продолжаем отдыхать, но первый клиент продлевает подписку и приносит ещё +8 $ валовой прибыли. Мы ничего не потратили. Приятно!

День 44 (+169 $): Следующие семь клиентов тоже продлевают, ещё +56 $. Вот это да!

День 51 (+225 $): Через неделю ещё семь клиентов продлевают, и это приносит ещё +56 $. Чёрт возьми, так зарабатывать деньги — это круто!

День 60… Мы решаем написать книгу о привлечении клиентов (шутка).

Пример выше показывает валовую прибыль, а не выручку. Это те деньги, что остаются у нас после всех расходов на обслуживание клиента *и* стоимости привлечения. Эти деньги идут только на покрытие фиксированных затрат (аренда, софт и так далее) и на выплату нам самим (в чём, собственно, смысл). Или же их можно направить на рост команды, чтобы уже в следующем месяце мы могли обслуживать 14 клиентов в неделю вместо семи. Именно так бизнес растёт *без привлечения внешнего капитала*.

Итак, сколько денег мы на самом деле потратили на маркетинг в нашем «идеальном лимонадном сценарии»?

Барабанная дробь…

Ответ: 1 доллар.

Подожди, что? Да, всего 1 $. Мы вытащили из кармана только этот первый доллар и потратили его на рекламу. Всё остальное время мы работаем на «найденные» деньги. Это как в казино: поставил 1 $, выиграл 8 $, вернул себе ставку и продолжаешь играть уже на выигрыш.

Другими словами, мы профинансировали рост своего бизнеса за счёт клиентов и умной системы привлечения. Я уже почти десять лет играю на деньги заведения, и к концу этой книги ты тоже сможешь.

Уровни Привлечения Клиентов
за Счёт Клиентов (CFA)

Новые уровни, новые проблемы.

Когда я связываю валовую прибыль (GP) и скорость со стоимостью привлечения клиента (CAC), я вижу три уровня CFA.

CFA Уровень 1: *Ты зарабатываешь меньше прибыли (GP) с клиента, чем стоит его привлечение (CAC), в первые тридцать дней.* В итоге ты всё равно выходишь в плюс, просто это занимает больше времени. Это значит, что бизнес приходится держать на личных сбережениях, кредитах и кредитных линиях. Большой риск. И, говоря по опыту… это отстой.

Конечно, в долгосрочной перспективе так тоже можно зарабатывать. И многие крупные компании делают именно так. Но для этого нужно *уже иметь большие деньги.* А у большинства начинающих предпринимателей их просто нет. Поэтому я избегаю такого подхода на старте.

CFA Уровень 2: *Ты зарабатываешь столько же прибыли с клиента, сколько стоит его привлечение, в первые тридцать дней.* Я уточняю, что именно 30 дней, потому что любой бизнес может получить деньги без процентов на этот срок с помощью кредитной карты. Если ты закрываешь баланс до конца месяца, это работает как обычные деньги. То есть можно использовать кредит, чтобы привлечь клиента, вернуть долг и снова использовать те же деньги, чтобы привлечь следующего клиента.

На втором уровне, так как ты выплачиваешь кредит по карте каждый месяц, твой кредитный лимит становится твоим рекламным бюджетом. Это значит, что он ограничивает количество клиентов, которых ты можешь привлечь. Если лимит 5 000 долларов, ты можешь получить только столько клиентов, на сколько хватит этих денег. Разумеется, бюджет можно увеличить, для этого просто погаси долг раньше срока, попроси увеличить лимит или оформи ещё одну карту. Проще простого.

Материалы из следующего раздела помогут тебе увеличить валовую прибыль (GP) и перейти на третий уровень.

<u>CFA Уровень 3</u>: *Ты зарабатываешь с клиента прибыли в два раза и больше, чем тратишь на его привлечение в первые тридцать дней.* Этот уровень занимает особое место в моём сердце, потому что именно так я масштабировал все свои бизнесы. По сути, это значит, что ты можешь удваивать свой бизнес каждый месяц (или даже быстрее). Смотри: ты погашаешь сумму первоначальных расходов, а затем, используя кредит и дополнительную прибыль, можешь привлечь ещё *двух* клиентов. Или, если используешь только полученную прибыль, можешь вообще обойтись без кредита, когда валовая прибыль (GP) начнёт поступать сразу. С этого момента *все клиенты оплачивают сами себя.* А избыточную прибыль ты можешь направить на что угодно, включая привлечение ещё большего числа клиентов. CFA исключает «деньги» из списка твоих жизненных проблем.

<u>Напомню</u>: Зарабатывать вдвое больше прибыли, чем стоит привлечение клиента — это мой минимум. В первый год работы Gym Launch мы получали 100 долларов прибыли с каждого потраченного доллара. Да, сто к одному. Потратили 100 000 $, а получили 10 миллионов обратно. Мы, конечно, масштабировались настолько, насколько позволяли ресурсы. Но в итоге нас начала ограничивать не реклама, а операционка. И именно *это и есть цель.*

Если ты спрашиваешь себя: *«Зачем мне искать больше клиентов, если я могу просто забирать прибыль себе?».* Я отвечаю: «А зачем выбирать что-то одно, если можно делать и то и другое?» Когда клиенты начинают окупать себя сами, я могу одновременно развивать бизнес и платить себе. Самое классное, что при таком подходе бизнес растёт каждый месяц. *И твой доход тоже.*

CFA: Как Это Работает на Практике

Ты должен пройти первый уровень CFA, чтобы бизнес мог существовать долго. С хорошим продуктом и сильным оффером ты сможешь вырасти до второго уровня без внешнего капитала. А затем, освоив Модели Продаж (об этом в книге *«$100МЛН Модели Продаж»*), ты откроешь путь к *прибыльному* гипер-масштабированию на третьем уровне. Когда ты достигаешь уровня 3, деньги на привлечение клиентов больше не ограничивают твой бизнес.

Чтобы показать, насколько это мощно, давай разберём, как выглядит третий уровень CFA на примере твоего нового бизнеса. Представим, что ты направляешь всю дополнительную прибыль на привлечение новых клиентов. За 12 месяцев ты вырастешь с одного единственного клиента... до *целой армии из 4 095 клиентов.* И самое удивительное — заплатить тебе нужно будет только за *первого клиента.* Всё остальное развитие *оплатят сами клиенты.* Именно поэтому это называется

Привлечение Клиентов за Счёт Клиентов. Они сами финансируют привлечение новых клиентов. В таблице ниже показано, как это происходит.

Месяцы (CFA Уровень 3)	Новые привлечённые клиенты	Всего привлечённых клиентов
1	1	1
2	2	3
3	4	7
4	8	15
5	16	31
6	32	63
7	64	127
8	128	256
9	256	511
10	512	1023
11	1024	2047
12	2048	4095

И это всего лишь при валовой прибыли (GP), вдвое превышающей стоимость привлечения клиента (CAC)! Потенциал может быть *гораздо* выше. Да, со временем появится другое узкое место, которое замедлит рост. *И это нормально.* Так устроен бизнес. *Но ты никогда не должен допускать, чтобы этим ограничением стали деньги на привлечение клиентов.*

В этом и заключается суть Привлечения Клиентов за Счёт Клиентов (CFA). Убрать зависимость от денег, а значит убрать ограничение на рост, связанное с привлечением клиентов. Если я смогу помочь тебе сделать это и реализовать твоё видение, значит, мы победили.

Объяснение Решения

Когда ты делаешь это правильно, тебе не нужно *иметь* много денег, чтобы *зарабатывать* много денег. Клиенты превращаются в мешки с деньгами, которые окупают себя и оплачивают следующего клиента.

Так достигается форсированный вирусный рост. Именно так моя компания по программному обеспечению выросла с 60 000 $ в месяц до 1,7 млн $ в месяц всего за шесть месяцев. Так моя консалтинговая компания выросла с 215 000 $ в месяц до 1,8 млн $ за восемь месяцев. И именно так мой товарный бизнес вырос с 80 000 $ в месяц до 1,5 млн $ за шесть месяцев. Это схема работает всегда.

Из этого примера легко увидеть, что узким местом становится *не* привлечение клиентов, а их *обслуживание*. В этой книге я не буду объяснять, как масштабировать компанию. Её цель — это довести тебя до того момента, когда *масштабирование*, а не *привлечение клиентов*, станет твоей главной задачей. Возможно, сейчас это кажется тебе безумием, но именно так ты становишься непобедимым. Измени свои убеждения и ты изменишь свой бизнес и свою жизнь.

Пример с «обычным бизнесом» — это то, с чем сталкивается большинство предпринимателей каждый день. Именно поэтому средний доход владельца малого бизнеса составляет 72 489 $ в год (источник: *Payscale*). В этом нет ничего плохого. Но если учитывать огромные риски и вложения, которые мы берём на себя как предприниматели, то, по правде говоря, проще было бы водить Uber, зарабатывая те же 70 000 $ в год без риска, без вложений и с гибким графиком. Мы, владельцы бизнеса, идём на риск и пашем, потому что верим в *«обещание» чего-то бо́льшего*. И именно поэтому, я надеюсь, ты читаешь эту книгу с верой, что впереди тебя ждёт что-то бо́льшее… что можно и нужно жить лучше.

Мастера привлечения клиентов, в отличие от обычного большинства, буквально печатают деньги. Это тот тип бизнеса и ту систему привлечения, которые мы хотим построить. И самое прекрасное в этом то, что такую модель продаж может создать *каждый*, у кого есть *нужные навыки*.

В конце концов, я верю, что иметь большой бизнес — это просто выбор. Многие не *верят*, что это вообще возможно. Они считают, что возврат 2:1 на рекламе уже «достаточно хорошо». Хотя на самом деле, добавив всего несколько правильных элементов, они могли бы больше никогда не тратить ни одного своего доллара на рекламу и позволить клиентам оплачивать рост их бизнеса. Именно этого мы и добиваемся.

РАЗДЕЛ C:
ПРОДВИНУТЫЙ СТЭКИНГ ОФФЕРОВ

«В глубине души ты знаешь… что игра стоит свеч»
— Мэтью Кидман, «Соседка» (The Girl Next Door)

Примечание автора**: *Следующий раздел начинается с другого способа взглянуть на то, как максимизировать пожизненную валовую прибыль с одного клиента. Это более математический подход, который помогает понять, что продавать и когда. После этого вводного блока идут главы, где собраны разные типы офферов: Офферы-Приманки, Апселлы и Офферы-Подписки, которые не вошли в книгу «$100МЛН Модели Продаж». Обычно они были либо слишком сложными, либо слишком нишевыми. В обоих случаях я решил, что они не подойдут для большинства бизнесов. Тем не менее, для <u>некоторых компаний</u> эти модели могут <u>изменить всё</u>. Считай их дополнительными инструментами, которые можно добавить в твою потенциальную Модель Продаж на $100млн. Можешь читать главы в любом порядке, просто смотри описания и выбирай те, что подойдут именно тебе.*

В этой части книги мы разберём, на мой взгляд, самую сильную часть моей стратегии победителя. Понимание и применение принципа выстраивания офферов принесло мне состояние, которое изменило мою жизнь. Ирония в том, что это вовсе не сложно. Просто большинство людей даже не догадываются, что такой подход существует. В начале книги я обещал, что чем дальше ты будешь читать, тем «вкуснее» станут идеи.

Вот о чём я говорил. Ранее изложенный материал не менее важен. Он просто создаёт основу. Как в искусстве: сначала нужно научиться рисовать, чтобы потом начать писать картины. Базовые навыки ведут к более продвинутым и ценным. Понимание цепочки офферов позволит тебе конкурировать на любом рынке и на любой рекламной платформе. Более того, ты сможешь буквально «перекрывать кислород» конкурентам. Я стараюсь быть доброжелательным человеком, но в бизнесе я играю на победу. И тебе стоит делать так же. Следующие главы — это твоя новая стратегия выигрыша.

Общий План Раздела

Бэкенд определяет фронтенд. Это значит, что чем больше денег ты зарабатываешь с каждого клиента, тем больше можешь позволить себе тратить на привлечение новых. Создание «Оффера Большого Шлема» — это способ одновременно снизить стоимость привлечения *и* увеличить доход с клиента. В этом разделе я покажу тебе, как комбинировать и соединять «Офферы Большого Шлема» друг с другом, чтобы создавать более высокий пожизненный доход с клиента. Другими словами, создавать то, что мы называем «бэкендом». По сути, это серия «Офферов Большого Шлема», которые идут друг за другом и увеличивают ценность клиента для бизнеса. Вот здесь начинается самое интересное.

Бэкенд: Матрица Ценности

Побеждает тот владелец бизнеса, который делает своего клиента более ценным для себя, чем для конкурентов.

- (Моя версия цитаты Дэна Кеннеди: «Выигрывает тот, кто может потратить больше всех на привлечение клиента»)

Примечание автора**: *Этот раздел показался мне слишком концептуальным. Хотя лично я его обожаю. Именно так я думаю о росте LTV, который критически важен для привлечения клиентов. Но я решил, что для большинства читателей это будет лишним, и вырезал эту главу из книги «$100МЛН Офферы».*

Зима 2019 года.

«Погоди, то есть ты каждый месяц продаёшь в два раза меньшему количеству клиентов, чем я, но зарабатываешь прибыли в *пятьдесят шесть* раз больше меня?»

«Да, получается так».

«Ни фига себе. Значит мне просто нужно сосредоточиться на том, чтобы зарабатывать больше с одного клиента. Получается мне вообще не нужно больше клиентов».

«Верно».

Этот разговор случился во время консультации за пятьдесят тысяч долларов, которую я проводил с одним клиентом из моей ниши.

Он шёл к трём миллионам долларов в год в своём бизнесе. Бизнес был прибыльным, и он зарабатывал хорошие деньги. Но у него были проблемы с масштабированием. Когда он приехал ко мне в офис, он ожидал, что разговор будет про маркетинг и продажи. Но после того, как я быстро посмотрел его цифры, я увидел, что с этой стороны у него всё в порядке. Проблема была в другом, он просто зарабатывал слишком мало с одного клиента. У него был один оффер, который не был неотразимым, и не было ни апселлов, ни подписки. Поэтому привлечение клиентов обходилось ему примерно на пятьдесят процентов дороже, чем мне. Плюс ко всему, я зарабатывал в десять раз больше, чем он, с такого же клиента.

Буквально. И именно этот процесс, который позволил мне этого добиться, я собираюсь показать тебе прямо сейчас.

Пожизненная Валовая Прибыль (LTGP) — это «гонка вооружений» в бизнесе. Чем выше ты можешь поднять этот показатель, тем недостижимее ты становишься. Чем выше это число, тем больше ущерба ты можешь нанести своим конкурентам. В итоге ты просто вытеснишь их с рынка. Вот почему так важно стать маркетологом мирового уровня. Ты можешь сделать продукт даже идеальным, но, если ты не способен тратить больше, чем конкуренты, они украдут и твой продукт, *и твоих* будущих клиентов.

Приведу пример. Если ты можешь платить в десять раз больше за привлечение клиента, чем твои конкуренты, ты просто увеличиваешь бюджет на рекламу и начинаешь конкурировать сам с собой, пока не поднимешь ставки так высоко, что никто больше не сможет покупать рекламу в твоей нише.

Это значит, что если ты сумеешь занять трон, ты станешь практически непобедим. Ты можешь забрать весь рынок себе и сделать так, что новым игрокам будет почти невозможно войти. Это похоже на монополию, только легальную.

Это полная противоположность хищническому ценообразованию, когда люди снижают цены, чтобы заставить других работать в убыток. Мы делаем наоборот, даём больше ценности и поднимаем цены так, чтобы зарабатывать кучу денег. Пока ты это делаешь, ты продолжаешь увеличивать долю рынка, увеличивать заработок и добавлять новые апселлы, чтобы увеличивать пожизненную ценность клиента. Когда приходит новичок, ему придётся либо сжигать огромный капитал, пытаясь тебя догнать, либо придумать совершенно новый способ монетизации клиентов, чтобы тебя обойти.

Я не буду сейчас углубляться в кучу способов увеличения пожизненной ценности. Это тема отдельной книги, которую я ещё не написал. Вместо этого я покажу один из самых простых способов увеличивать пожизненную ценность. Это «стэкинг», то есть способ связывания офферов между собой.

Многие представляют рост пожизненной ценности клиента как *последовательность* или *ступеньки лестницы*. Клиент заходит снизу или с середины, потом поднимается вверх. Я считаю, что это отличный способ заставить людей начать думать о своём бизнесе, чтобы понять, как увеличивать предоставляемую ценность

Хотя это полезная визуальная подсказка, последовательность или лестница упускает одну ключевую вещь, не все клиенты идут по ней. Поэтому я представляю это скорее как матрицу. По двум главным причинам. Во-первых, когда рисуешь лестницу, мозг сразу думает, что клиент обязан купить первый оффер, чтобы перейти ко второму. Получается линейная связь. У меня не всегда так было. Модель лестницы в этом плане слабовата (у всех теорий есть ограничения), но как стартовая точка для идей она отличная. А когда появляются реальные цифры, матрица становится просто бесценным инструментом. И вот почему.

Часто люди покупают оффер №1, потом сразу прыгают на оффер №4. Или пропускают №1 и №2, берут №3 и №5. Или что-то в этом духе. Они не идут линейно, они берут то, что они *хотят* купить или то, что решает их проблему. Лестница ценности устроена по одной и той же логике, чем дороже следующий оффер, тем меньше людей его купят. При этом *лестница* не учитывает несколько офферов на одном ценовом уровне, которые просто решают разные проблемы. Матрица — это просто другой способ показать ту же идею.

Вторая причина, почему мне больше нравится термин «матрица», это то, что она делает цифры более наглядными. Ты буквально видишь всех своих лидов. Складываешь всю выручку от всех клиентов в этой матрице, делишь на количество вошедших людей и получаешь свою пожизненную ценность. Получается удобный тактический инструмент чтобы понимать Стоимость Привлечения Клиента (CAC) и Деньги за 30 дней. Оба показателя очень важны и тесно связаны при привлечении клиентов. Простая матрица ценности показана ниже.

	ТРИАЛ	КОНВЕРСИЯ В ПОДПИСКУ	ИТОГО
👤	✗		
👤	✗		
👤	✓ $0	✗	
👤	✓ $0	✗	
👤	✓ $0	✗	
👤	✓ $0	✗	
👤	✓ $0	✗	
👤	✓ $0	✓ $200	$200
👤	✓ $0	✓ $200	$200
👤	✓ $0	✓ $200	$200
ИТОГО			**$600**
СРЕДНЯЯ ЗА ВСТРЕЧУ			$600/10 = $60
30 ДНЕВНЫЙ LTV			$600/8 = $75

Из этой матрицы видно, что из десяти лидов, заходящих в бизнес, восемь берут простой триал оффер, а трое из них на бэкенде конвертируются в платный оффер. Получается, бизнес получает в сумме шестьсот долларов с десяти лидов. Они могут тратить 60 долларов за каждого, кто приходит на первую встречу. А за первые тридцать дней с каждого человека, который позже взял триал, бизнес получает 75 долларов. Именно эти 75 долларов и есть выручка за 30 дней с одного клиента.

Исходя из этих цифр, если бы у меня была кредитная карта, я мог бы вложить 600 долларов в рекламу, чтобы получить 50 лидов, и 10 из них реально пришли бы на встречу. Это означало бы, что я выхожу в ноль при цене в 12 долларов за лид.

Но я пока не учитываю затраты на обработку лидов и продажу триала, а это тоже деньги. В реальной жизни на обработку лидов и продажи уйдёт где-то 600–1 000 $ на зарплаты. Возьмём для примера 600. Получается, теперь я ничего не могу платить за лид, потому что все 600 долларов выручки съедают фиксированные расходы. Эта ситуация до боли знакома большинству владельцев малого бизнеса. *Привлекать клиентов слишком дорого*. На самом деле никогда не бывает «слишком дорого» или «слишком дёшево». Есть просто то, сколько это реально стоит. Наша задача спроектировать бизнес так, чтобы «зарабатывать больше денег» с тех же клиентов, тогда мы не только сможем «позволить себе» их привлекать, но и выйдем в прибыль.

Вот как это делается. Давай сравним эти цифры с тем же гипотетическим бизнесом, который прошёл процесс «стэкинга» офферов (то, что я сейчас покажу).

Из матрицы ниже видно, что бизнес сделал другой фронтенд-оффер. Они запустили дорогой оффер с несколькими даунселлами, а затем за первые тридцать дней провели человека через серию апселлов. Конечно, не все брали апселлы, но кто-то брал. И этот процент людей в сумме даёт крутой результат. В колонке справа видно выручку с одного клиента. А внизу общие суммы и средние значения.

Посмотри на разницу в цифрах между верхним примером (30D Cash = 75 $) и нижним (30D Cash = 1 763 $). Обе матрицы для одного и того же типа бизнеса. Вот в чём разница между тем, чтобы *рвать рынок* на части и зарабатывать миллионы, и тем, чтобы *тебя рвали* конкуренты и ты еле-еле сводил концы с концами. Именно так ты можешь побеждать любого конкурента на любой платформе.

	ДЕНЬ 0	ДЕНЬ 2	ДЕНЬ 2	ДЕНЬ 14-21	ДЕНЬ 30		
	УСЛУГА	ПИТАНИЕ НА 4 НЕДЕЛИ	ДОБАВКИ	12 МЕС	100% ОПЛАТА	ДОБАВКИ НА ГОД	
(×)							$0
(×) CC + NSS							$0
(×) CC + NSS			$200 ($85)				$85
(×) CC + NSS			$200 ($85)				$85
(×) CC + NSS		$165 (16.5)	$200 ($85)				$149
✓ $2500		$165×4 (16.5)	$200 ($85)			$200 ($85)	$2798
✓ $1200		$165×4 (16.5)	$200 ($85)				$1349
✓ $600		$165×4 (16.5)	$200 ($85)	12 Mo	$2000	$200 ($85)	$2834
✓ $600			$200 ($85)	12 Mo	$200 (1ST Mo)		$885
✓ $600							$600
ИТОГО					$8818		
СРЕДНЯЯ ЗА ВСТРЕЧУ				$8818 / 10 = $881			
30 ДНЕВНЫЙ LTV				$8818 / 5 = $1763			

(НЕТ — первые пять строк; ДА — остальные)

Ты, наверное, думаешь, как так вышло, что люди, которые пришли и сказали «нет» основному офферу, всё равно принесли нам деньги. Легко! Мы предлагали им бесплатный чекап здоровья только за то, что они пришли. На этом разборе мы продавали им добавки, даже если они не хотели покупать услуги, и так зарабатывали на людях, которые сказали «нет». Это оффер, который я называю «Бесплатно с Альтернативным Доходом». Я разберу его подробно через пару глав.

Круто, когда это реально работает, правда?

Разница в выручке между двумя примерами примерно в 14–15 раз. Именно это и происходило с моим клиентом в его бизнесе по сравнению с моим. В реальном мире это значит, что если конкурент может платить только 100 долларов за лид, ты можешь спокойно платить 1 500 долларов за лид и оставаться по-прежнему прибыльным. Такой подход к апселлам это одно из самых мощных, если не самое мощное конкурентное преимущество всех времён. Он даёт тебе огромный запас прочности в маркетинге и возможность не создавать самый гениальный маркетинг в мире. А вместе с комплектом Офферов Большого Шлема, которые поднимают пожизненную ценность клиента (LTV), ты будешь разрывать конкурентов даже с обычным маркетингом. Такая выручка с каждого лида открывает путь к масштабированию, которого ты никогда раньше не видел. Это ключ к бесконечному росту.

Итак, мы разобрали, какой сумасшедший эффект эта стратегия даёт бизнесу. Вопрос теперь один: как это сделать?

Продвинутый Стэкинг Офферов: Как Это Делать

«Количество денег, которое ты зарабатываешь, прямо пропорционально тому, сколько у тебя доверия, умноженного на количество сделанных офферов»
- Фрэнк Керн, легендарный копирайтер и маркетолог

Прежде чем нырять глубже, одно очень важное предупреждение. Добавлять новые офферы и услуги это самый быстрый способ усложнить бизнес. Это делает бизнес очень *геморройным*. Когда смотришь на свой бизнес, ищи то, что увеличит выручку практически без дополнительных затрат (времени, денег или сложности). Если что-то всё-таки добавляет сложности, пусть оно того реально стоит (куча прибыли или почти нулевые затраты). Держи это соотношение максимально высоким.

Я представляю процесс конверсии как упражнение с подстраивающимся сопротивлением (это когда нагрузка всегда идеально совпадает с твоей текущей силой). Идеальный повтор во время силовой тренировки — это когда нагрузка в каждой точке движения идеально совпадает с твоей текущей силой, и с каждым повтором становится чуть легче, чтобы ты всегда работал на сто процентов. Тогда мышца растёт быстрее и эффективнее. Например, в приседе ты намного сильнее в верхней точке, чем в нижней. Поэтому опытные пауэрлифтеры вешают на штангу цепи или резинки (вверху тяжелее, где ты сильный, внизу легче, где ты слабый). До сих пор нет тренажёра, который делает это идеально. Но именно этот принцип я использую в продажах. Я хочу подогнать цену и ценность оффера под возможности и желание каждого конкретного клиента, при этом *не* усложняя себе жизнь в бизнесе. Вот тут и начинается настоящее творчество.

Определяем Смежные Потребности/Возможности Клиентов

Сначала я смотрю на все потоки денег, которые клиент уже тратит ради исполнения своего главного желания, которое я помогаю реализовать: *власть, деньги, красота, похудение и так далее.*

Потом смотрю, можно ли создать партнерские отношения (это когда владелец другого бизнеса платит тебе за то, что ты присылаешь ему клиентов). *Или* если я могу добавить это сам почти без операционки, то я так и делаю. Например, добавить продажу физических продуктов через короткую консультацию.

Единственное, что прибавляется, это одна лишняя беседа с клиентом. Обычно она окупается с лихвой, потому что с одного клиента сразу выходит намного больше денег. Вот как выглядят потоки «потребностей» до и после того, как мы превратили их в возможности для дохода:

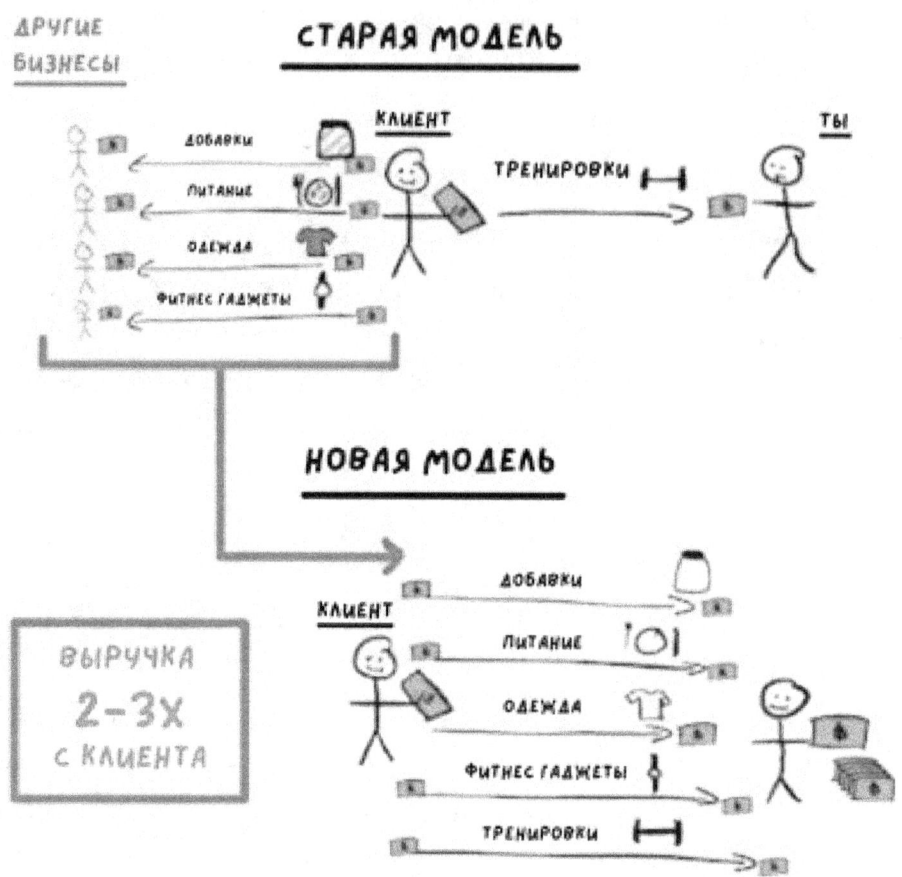

Большинство предпринимателей просто отдают кучу денег на сторону. Они бесплатно рекомендуют клиентам чужие продукты или услуги, которые дополняют их собственные. Но если делать это за вознаграждение, то всё меняется. На момент написания этой книги я лично заработал больше 3 000 000 $ только на партнёрских комиссиях. Эти деньги — твоя чистая прибыль, которая идет прямо тебе в карман, поэтому их нельзя недооценивать.

Возьмём владельца малого бизнеса, который забирает себе 35 280 $ в год с выручки 282 240 $ в год. Добавление 2 000 $ в месяц на партнерских комиссиях может казаться мелочью по сравнению с выручкой 23 520 $/мес., которые он зарабатывает на своих услугах, но эти дополнительные 2 000 $ в месяц поднимают его годовой доход с 35 280 $ до 59 280 $. А это сильно меняет жизнь.

При этом если то, что ты рекомендуешь, приносит больше денег, чем твой основной доход, то иногда стоит просто купить этот бизнес или полностью встроить его в свой.

Полезный совет: Бесплатный Онбординг

Я полностью окупил всю команду по онбордингу и поддержке клиентов, просто добавив один дополнительный звонок в процесс адаптации новых клиентов. Клиенты были в восторге от лишней помощи, а я гарантировал, что каждый из них перейдёт по всем моим партнёрским ссылкам при регистрации в нужных сервисах. В первый месяц я оплатил зарплату этого нового отдела из своего кармана. А дальше партнёрские комиссии полностью покрывали все зарплаты. Такие маленькие «фишки» со временем делают твой бизнес непобедимым *и* дают клиентам сервис, которого нет ни у кого другого.

Идеальный Процесс Стэкинга Офферов

Теперь вернёмся к стэкингу офферов. Сначала определяем все потребности, которые можно монетизировать. Дальше решаем, как выстроить процесс продаж. Я использую эту схему почти в каждом бизнесе, с которым работаю, чтобы связать все типы офферов (после того, как человек зашёл на бесплатный или скидочный хук).

1) Привлечение → 2) Деньги Сразу → 3) Апселл/Даунселл → 4) Подписка

Так я получаю лучшее из всех миров. Модель «Деньги Сразу» позволяет привлекать клиентов с прибылью. Апселлы и Даунселлы выжимают максимум с каждого лида. «Киты» покупают по-крупному, «мелкие рыбки» заходят в мой мир и потом покупают что-то дорогое. А в конце я создаю стабильный денежный поток через подписку.

Какая именно модель «Деньги Сразу», какой Апселл/Даунселл и какой тип Подписки выбирать, сильно зависит от типа бизнеса и от того, как обычно выглядит путь покупки клиента.

Кстати, после того как я провёл этот трёхшаговый процесс, я часто запускаю его снова и снова. Человек взял подписку, я предлагаю ему дополнительные услуги (ещё одна подписка), потом делаю оффер оплатить её наперёд целиком за бонус и скидку (деньги сразу). Если смотреть на такой пример, это выглядит вот так:

1) Привлечение → 2) Деньги Сразу → 3) Апселл/Даунселл → 4) Подписка → 5) Подписка №2 → 6) Деньги Сразу №2

Именно так ты продолжаешь бесконечно увеличивать прибыль в бизнесе. Ты зарабатываешь или выходишь в ноль на привлечении, а потом можешь делать клиентам новые и новые офферы. Каждый раз ты поднимаешь Пожизненную Валовую Прибыль (LTGP) клиента и, в итоге, можешь тратить на его привлечение всё больше и больше.

Эта концепция *очень простая*, но *невероятно мощная*. По сути, всю книгу *«$100МЛН Модели Продаж»* я писал ради этой цели. Давай разберём пару примеров, чтобы ты почувствовал это по-настоящему.

Пример Воронки Для Похудения (Стэкинг Офферов)

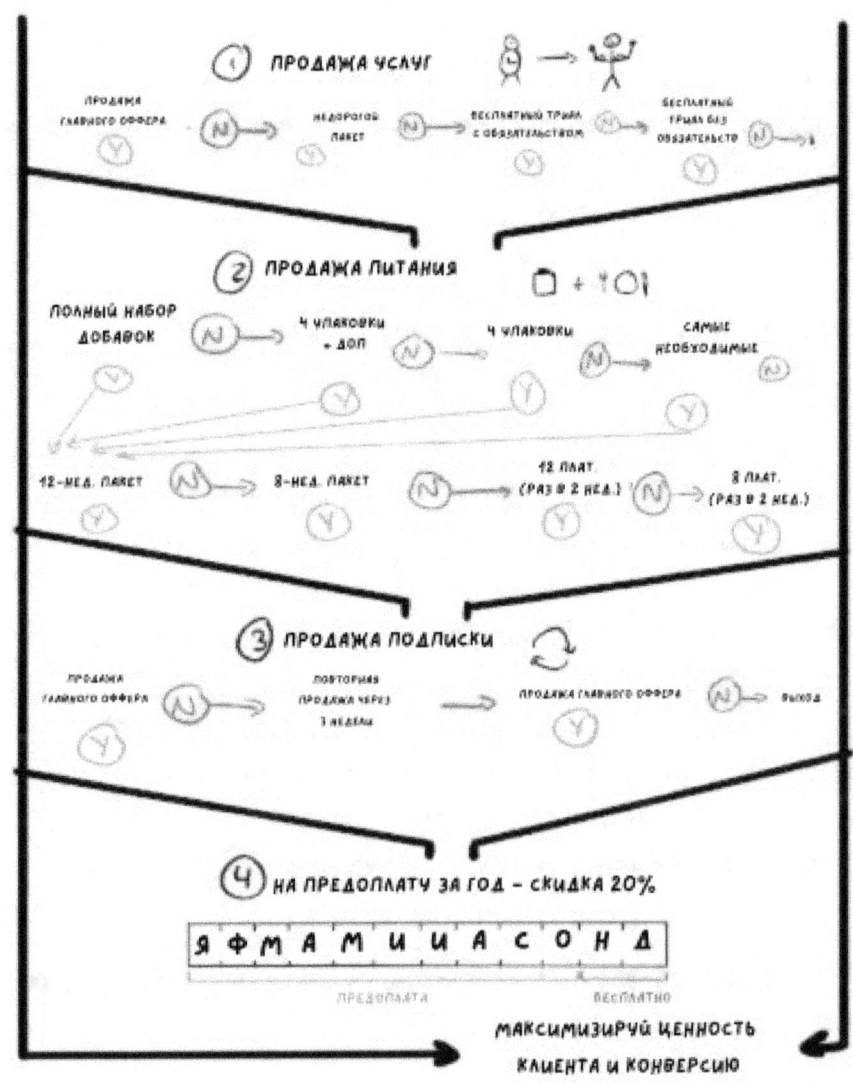

1) Привлечение → 2) Апселл/Даунселл → 3) Подписка → 4) Привлечение

Знаю, выглядит сложно. Но на самом деле — нет. Каждый следующий оффер плавно перетекает в другой. При этом клиенту не обязательно покупать всё подряд, но мы всё равно будем ему предлагать всё. Также в этом примере видно, что на каждом шаге стоят даунселлы. Если ты продаёшь лично или по телефону (или другим способом в формате «один на один»), то всё это делается на раз-два. А вот настроить такие же онлайн-продажи на сайте быстро не получится, именно поэтому я так люблю продавать лично. Это даёт гибкость и позволяет идеально подогнать цену твоего решения под бюджет и желание клиента. А когда ты продаёшь именно так, а конкуренты нет, то ты почти всегда сможешь обойти их в рекламном аукционе на любой платформе.

В примере выше, мы сначала продаём услуги, потом продукты, потом подписку, а потом предоплату со скидкой. Некоторые продажи происходят сразу в одном разговоре. Другие растягиваются по времени на несколько. Именно так и *рождаются* те цифры в матрице, которую я показывал ранее.

Продажа №1: Продажа Услуг (Деньги Сразу)

На первом уровне мы сначала предлагаем дорогое решение. Часть клиентов сразу берёт этот большой оффер. Если говорят нет, ничего страшного. Переходим на вариант оплаты «половина сразу» того же оффера плюс остаток в рассрочку. Если опять нет, предлагаем вариант «четверть сразу» и чуть более высокие ежемесячные платежи. Если всё равно нет, то укорачиваем длительность программы и предлагаем за ¼ стоимости оффера без рассрочки. Если и тогда нет, значит, клиент тебе просто не доверяет, и надо работать над этим, но эта тема уже выходит за пределы книги. В общем, если всё равно отказывается и не хочет брать наши услуги, то для сохранения хороших отношений мы предлагаем «бесплатный разбор питания». И уже на этой бесплатной консультации по питанию, которая проходит спустя 24–72 часа, мы начинаем нашу следующую серию офферов.

Продажа №2: Продажа Физических Продуктов (Апселл-Оффер)

На этом бесплатном разборе питания мы сначала даём человеку индивидуальную ценность и поддержку, а потом пытаемся продать трёхмесячный набор полного комплекса добавок, которые тоже решают его главную проблему, просто другим способом. Если он говорит нет, предлагаем набор на один месяц и сразу предлагаем подписку со скидкой. Если всё равно нет, вычёркиваем несколько продуктов и оставляем только самое необходимое. Если и тогда отказывается, предлагаем один-два продукта, которые ему точно нужны. После этого спрашиваем, нужна ли помощь с готовкой еды, и продаём разные тарифы доставки готового питания от компании-партнёра (клиенту привозят еду домой, полностью соответствующую его программе похудения). Клиент быстрее получает результат (худеет), экономит время, а мы зарабатываем деньги. Все в выигрыше.

> **Полезный совет: Бесплатный Онбординг Один-на-Один**
>
> Деньги от продуктов, которые я продавал на личной консультации по питанию, полностью покрывали зарплату всей команды. И мои тренеры на этом зарабатывали за час больше, чем на обычных персоналках, и были рады этим заниматься. Клиенты в восторге от такого уровня сервиса. А я в большинстве случаев ещё и полностью окупал все затраты на привлечение, включая рекламу, комиссии и зарплаты, только за счёт продаж этих продуктов
>
> Сравни это с типичным владельцем тренажёрного зала по соседству, который вечно «экономит» или просто боится делать клиентам больше офферов. Его тренеры получают меньше моих, поэтому лучшие уходят. Клиенты получают худший сервис, тратят меньше денег и у них хуже результаты. Он сам зарабатывает меньше, поэтому не может быстро расти и агрессивно рекламироваться. На конкурентном рынке и так понятно, кто в итоге побеждает. **Вывод простой**: людям нравится, когда их проблемы решают заранее, поэтому решай и зарабатывай.

Продажа №3: Продажа Дополнительных Услуг (Подписка)

На третьей продаже мы встречаемся с клиентом через несколько недель. Это встреча называется «Обратная Связь». Так мы получаем ценный фидбек о том, насколько ему нравится наш сервис. Делай такие встречи для *любой* своей услуги, которую оказываешь. Во-первых, это даёт реальную информацию, что можно улучшить. Во-вторых, помогает «спасти» недовольного клиента. В-третьих, это идеальная возможность для апселла. Если клиент в восторге, мы продаём ему долгосрочное продолжение. Сначала предлагаем дорогую программу по предоплате за год или больше. Если нет, спускаемся даунселлами до простой подписки.

Если клиент *недоволен* или говорит, что ему не хватает поддержки, мы естественно продаём ему более дорогой тариф с *бо́льшим* сопровождением. Любая проблема — это твой шанс на апселл. «Ой, вам кажется, что мы мало вас поддерживаем? А как вам идея, если мы будем писать вам каждое утро и звонить раз в неделю? Поможет? Круто! Тогда вам идеально подойдёт наша VIP-программа. Вы можете начать *бесплатно* прямо сегодня, более того, я зачту всю стоимость вашей первой программы в счет уплаты VIP, раз уж ваш опыт был не самый лучший…» Понял идею? Просто разворачиваешься и продаёшь следующий Оффер Большого Шлема.

Продажа №4: Предоплата или Последний шанс (Деньги Сразу, Даунселл в Подписку)

И наконец, последняя продажа в этом четырёхшаговом процессе. Мы предлагаем клиенту заранее оплатить услуги полностью *или* делаем последнюю попытку завести его на подписку перед окончанием текущей программы. Это позволяет собрать деньги с тех, кто на предыдущей встрече «ещё не был уверен» и не решился. Плюс — это отличная возможность сделать апселл тем, кто уже взял ежемесячную подписку на прошлом шаге и предложить им заплатить сразу за год-два со скидкой. Опять же больше денег сразу.

Собираем Всё Вместе

Может показаться, что это куча всего, но если этот процесс растянуть на 6–12 недель, то ничего страшного. А более частое общение с клиентами в целом приносит больше денег.

Обрати внимание на пару вещей. Во-первых, основной дорогой оффер — *это* наш Оффер Большого Шлема. Но в реальной жизни именно этот Оффер Большого Шлема помог завести человека в нашу «дверь». Не все говорят сразу «да», поэтому если у тебя в кармане лежит ещё один Оффер Большого Шлема, процент закрытия взлетает. Во-вторых, мы продвигаем *всех* лидов дальше по воронке, даже если они сказали «нет». Это ещё один шанс предоставить ценность и заработать. Видишь, насколько это эффективнее?

Сейчас ты, наверное, думаешь: как я это всё потяну? Начинай с одного элемента, который добавит больше всего денег при минимальных затратах. Когда освоишь, добавляй следующий, и так по кругу. Запомни: люди всегда *хотят*, чтобы их проблему решили. Им *нравится* покупать, но им не нравится, когда им *продают*. Вот тут и приходят на помощь Офферы Большого Шлема, они делают этот процесс приятным и для покупателя, и для продавца, потому что все любят заключать выгодные сделки. Все в выигрыше.

Соединять офферы друг с другом, добавлять апселлы и даунселлы это то, что делает твою конверсию продаж просто дикой. Ни один доллар клиента не уходит в никуда.

Четыре Шага, чтобы Выбрать Правильный Оффер для Твоей Модели Продаж

Модели продаж строятся на серии офферов. Каждый оффер или группа офферов закрывает одну из стадий твоей Модели Продаж.

Мы снижаем Стоимость Привлечения Клиента (CAC). Мы максимизируем Валовую Прибыль за 30 дней (30D GP). Потом максимизируем Пожизненную Валовую Прибыль (LTGP). И по моему опыту, на каждой стадии используются разные типы офферов, которые идеально подходят под конкретную цель. Но какой бы тип оффера ни был, я всегда добавляю новый оффер в модель по одной и той же схеме. Она выглядит так. Правильная стадия. Правильная проблема. Правильный способ. Правильное время.

Правильная Стадия. Сначала я убеждаюсь, что оффер подходит именно под эту стадию Модели Продаж. Если хочу привлекать новых клиентов по адекватной цене, то фокусируюсь на Офферах-Приманках. Если хочу увеличить прибыль за тридцать дней, добавляю Апселлы и Даунселлы. Если нужно выжать максимум пожизненной прибыли, делаю упор на Офферы-Подписки. Как только понимаю, что оффер бьёт в цель, перехожу дальше.

Правильная Проблема. У клиентов куча проблем. Ты не сможешь решить их все сразу. Поэтому я выбираю только те, которые логично вписываются в мой текущий бизнес, и которые я могу решить уже имеющимися у меня ресурсами, и которые дают клиенту огромную ценность после решения.

Правильный Способ. Третий шаг — решаю проблему именно так, как хочет клиент. Допустим, два человека хотят похудеть. Один готов тренироваться, другой изменить питание. Ты можешь попытаться убедить людей, что твой путь единственно верный. Но чаще всего они просто уйдут к тому, кто решает проблему так, как им удобно. Поэтому я предлагаю эффективные варианты, которые уже хотят люди.

Правильное Время. Четвёртый и самый важный шаг, предлагаю решить проблему именно в тот момент, когда она болит сильнее всего. Человек может быть голодным. Но если ты предложишь ему ещё один стейк, когда он уже наелся, он скажет нет. Чтобы продавать по максимуму, я делаю оффер в момент самой острой нужды.

Резюме

Сначала определи стадию своей Модели Продаж. Потом убедись, что офферы идеально подходят для этой стадии. Дальше проверь, что они решают правильную проблему клиента, именно так, как ему удобно, и именно в тот момент, когда эта проблема болит сильнее всего, а *не* когда тебе удобно её решить.

Оффер-Приманка: Бесплатные Презентации

Примечание автора**: *Я вырезал эту главу, потому что она слишком сильно пахла прямой рекламой и продажами. Может, я оставлю для отдельной книги в будущем. Но это один из самых популярных способов привлекать клиентов. Конечно, не самый выдающийся, зато простой и работает как часы.*

Июнь 2015 года.

Это была огромная маркетинговая конференция. Я пробежал глазами список спикеров и зацепился за одну тему.

«Как моя необычная воронка в узкой нише приносит мне 17 137 $ в день… И как ты можешь честно скопировать её за 10 минут или даже меньше»

Это вообще не имело никакого отношения к фитнесу, но выглядело интереснее остальных заявленных тем. Кроме того, если бы я нашёл хоть *что-то* полезное во всём этом маркетинговом шуме, то для меня это уже было бы круто. Я бы прыгал от счастья, если бы зарабатывал 17 137 $ в месяц, а уж тем более *в день*! Короче, я пошёл посмотреть.

Зал был забит под завязку. Еле нашёл место, чтобы встать. Спикер начал с бомбы.

«Сегодня я разыграю среди вас свой Ferrari. Всё, что нужно — зайти на этот сайт и оставить email, чтобы узнать детали».

Чтооо!? Он говорил так, будто это вообще не проблема. Это же Ferrari! А чувак явно не фейковый гуру.

Потом он рассказал про свои особенные сайты, которые делают деньги. Он строил их по специальному шаблону и расставлял в определённом порядке, чтобы люди покупали больше и больше. Потом показал по-быстрому, как мы сами можем такое сделать.

То, что он делал, явно работало. И это было слишком логично. Слишком. Если я сделаю так же, то получу то же самое. Я был готов купить *ещё до того*, как он вообще сделал оффер.

Если бы он вышел и сразу сказал: «Эй, народ, покупайте мой конструктор сайтов за две тысячи баксов», никто бы не купил. Но через шестьдесят минут я был готов поспорить, что треть зала достала кредитки. Лично я сразу приготовил свою. Вот в чём сила бесплатных презентаций как способа привлекать клиентов. Они просто работают.

Описание

Покупателям нужно знать «достаточно» о твоём продукте, чтобы купить. Чем дороже или сложнее вещь, тем больше информации им нужно. Презентации, которые обучают аудиторию и при этом переводят её в клиентов, идеально закрывают эту информационную дыру. Они особенно круто работают для сложных и дорогих продуктов по трём причинам:

1) У тебя есть собранная аудитория.

Презентации требуют внимания. Если человек пришёл на презентацию, он с большой вероятностью будет слушать внимательнее, чем в любом другом формате, где он впервые видит твой оффер.

2) Ты удерживаешь их достаточно долго, чтобы объяснить всё и дать реальную ценность.

Люди знают, что презентация требует времени. Поэтому если человек пришёл, он не только будет слушать внимательнее, но и проведёт с тобой больше времени. Это делает презентации идеальными для того, чтобы лиды получили всю нужную информацию.

3) Ты делаешь оффер в момент, когда они больше всего хотят купить.

Хорошая презентация чётко показывает проблему, с которой они пришли, как изменится жизнь после того, как твой продукт её решит, насколько быстро и просто это будет, показывает кучу людей похожих на них, которые уже добились успеха, и снимает все основные страхи перед покупкой.

В конце люди видят быстрый, простой и низкорисковый способ решить свою проблему. И именно в этот момент они готовы купить больше всего. Вот тогда мы и делаем оффер.

Презентации могут длиться от пятнадцати секунд до пятнадцати дней. Точная длина не так важна. Главное в том, что чем дороже и сложнее продукт, тем длиннее обычно презентация.

Например, в Gym Launch 78% наших клиентов смотрели минимум два длинных видео перед покупкой. Это было прорывное открытие. Мы перестроили весь процесс продаж так, чтобы *заставить* людей смотреть минимум два длинных видео. Это превращало абсолютных незнакомцев в людей, которые уже хотели купить.

Такой процесс потребления контента искусственно ускоряет построение доверия и создаёт квалифицированных лидов, готовых покупать. Суть маркетинга в том, чтобы обучить покупателя до момента принятия решения. Иногда это шестидесятисекундная реклама для физического продукта за 67 долларов, а иногда двухдневный воркшоп для продажи консалтинга за сто тысяч долларов.

<u>Вывод</u>: Количество времени, которое ты тратишь на обучение покупателя, прямо связано с ценой продукта и уровнем нужного доверия. Чем больше самолёт, тем длиннее нужна взлётная полоса, чтобы он взлетел. Игрушечный самолётик может взлететь с шести метров, а для Boeing «747-Dreamlifter» нужно почти три километра.

<u>Примеры</u> Офферов для Бесплатного Обучения

Бесплатный Ужин XYZ (Например: Бесплатный ужин для диабетиков)

Этот оффер заводит людей в зал, а во время ужина ты проводишь презентацию от 60 до 90 минут. В конце презентации делаешь оффер на продукт, который полностью покрывает затраты на ужин для всех гостей. В идеале ещё и приносит прибыль сверху. Тех, кто купил, сразу записываешь на личные встречи и продаёшь следующий оффер с гораздо бо́льшим чеком.

<u>Ориентир</u>: Целься на то, чтобы четверть зала взяла первый Оффер-Приманку. Из этих людей минимум треть должна взять Премиум Оффер. Например, в зале

сто человек: примерно двадцать пять купят Оффер-Приманку, из них восемь купят Премиум Оффер.

Бесплатный 90-минутный Мастер-Класс

90-минутная презентация должна строиться так, чтобы сломать основные ложные убеждения вокруг достижения цели клиента. Работает точно так же, как ужин, только онлайн.

<u>Ориентир</u>: Конверсия примерно десять процентов от тех, кто досидел до момента, когда ты делаешь оффер.

Бесплатный 5-дневный Челлендж

Проводишь четыре живые презентации по 60–90 минут с понедельника по четверг. Каждая презентация разбирает какую-то полезную часть проблемы, которую они хотят решить или результат, которого хотят достичь. А в пятницу делаешь оффер. Это работает круто даже для совсем холодной аудитории. Причём как для офферов с низким, так и с очень высоким чеком. Каждый день ты ломаешь одно из главных ложных убеждений, которые мешают им купить, и параллельно даёшь столько полезного контента, который они могут применить прямо *сегодня* и *сразу* получить от него ценность.

Примеры идей 5-дневных челленджей для разных ниш:

Предпринимательство: Бесплатный челлендж «Найди свою нишу»

Консалтинг по недвижимости: Бесплатный челлендж «Найди свой первый объект на продажу/аренду»

Покупка бизнеса: Бесплатный 5-дневный челлендж «Купи бизнес без своих вложений»

Консалтинг по продажам: Бесплатный 5-дневный челлендж «Закрой свою первую продажу на высокий чек»

Похудение: Бесплатный 5-дневный челлендж «Пробей плато»

Вредные привычки: Бесплатный 5-дневный челлендж «Путь к свободе»

Здоровье: Бесплатный 5-дневный челлендж «Сними боль в спине»

Лайф-коучинг: Бесплатный 5-дневный челлендж «Вырвись из тупика»

<u>Ориентир</u>: Конверсия примерно 2–5% от всех, кто записался на бесплатный многодневный челлендж.

Один из приятных бонусов заключается в том, что ты даёшь людям реальную ценность, даже если они в итоге не покупают у тебя. В худшем случае ты просто зарабатываешь себе отличную репутацию на рынке.

Бесплатный Трёхдневный Виртуальный Саммит

Оффер: Приходите слушать спикеров-экспертов по своей теме на три полных дня. Каждая тема закрывает один аспект проблемы или цели клиента. Потом ты делаешь свой оффер на внедрение всех фишек и стратегий, перед последней презентацией на второй день, и ещё раз перед второй презентацией третьего дня. Это идеальная подготовка под самый дорогой оффер из всех, потому что человек потребляет максимум контента подряд. Делай три полных дня, например, с обеда пятницы до вечера воскресенья. Лично меня удивил тот факт, что дни недели вообще не важны. Делай, когда удобно тебе и команде.

Каждый день выдавай 4–6 презентаций, при этом строй их вокруг одного из ключевых ложных убеждений (смотри подробнее ниже в «полезном совете»). Делай оффер в конце второго дня, повторяй в третий и заканчивай саммит мощной мотивацией к действию. Это всегда заходит на ура.

<u>Ориентир</u>: Конверсия примерно 10% от тех, кто дошёл и остался на финальный день.

Бесплатная Стратегическая Сессия

Это обычно «первый шаг» в двухшаговом процессе продаж, который я подробно разберу в следующей книге (которая пока не написана). По сути, ты предлагаешь ценный созвон, который работает как предварительная квалификация перед основной продажей. На этом звонке ты проверяешь, что человек:

1) Имеет бюджет на то, что ты продаёшь

2) Может сам принять решение о покупке (или приведёт тех, кто может, на следующий созвон)

3) Действительно хочет то, что ты продаёшь

4) Готов стартовать в сроки, которые тебе удобны

Сокращенно BANT (Budget, Authority, Need, Timing): Бюджет, Авторитет, Необходимость, Сроки.

Ты даёшь ценность на звонке, просто слушая, выявляя боли и предлагая решения. Если человек хочет помощи с внедрением, тогда и делаешь ему оффер.

Ориентир: Конверсия примерно 25% от тех, кто дошёл до второго звонка.

Полезный совет

Любые презентации делаются так, чтобы разбить три главных ограничивающих убеждения твоего клиента. И неважно сколько они длятся, будь то одна на 60–90 минут (как на ужине) или двенадцать по часу и больше (как на саммите) — цель остается одинаковая. Просто чем больше презентаций, тем глубже ты вскрываешь ограничивающие убеждения

Три ключевых ограничивающих убеждения:

1) Результат должен прийти легко.

2) Я должен получить самые лучшие результаты.

3) Результаты должны приносить внимание и одобрение окружающих (статус).

1) Результат должен прийти легко

- Этот продукт простой в использовании. Никакого раздражения и перегрузки. Ты точно справишься.
- Этот продукт/услуга выполняет все обещания. Вот как Вселенная теперь поможет тебе. Всё честно. Всё сработает.
- Раньше было несправедливо, потому что у тебя просто не было нужной информации. Теперь есть.
- Если Вселенная несправедлива, то жизнь ужасна. Но теперь Вселенная на

твоей стороне, потому что ты это заслужил, и статус придёт сам собой, ведь ты его достоин.

2) Я должен получить самые лучшие результаты

- Если раньше ты облажался, это была не твоя вина. Виноват кто-то или что-то другое.
- Прошлые неудачи это было ужасно, но в этот раз у тебя всё получится, потому что этот продукт просто огонь.

3) Результаты должны приносить внимание и одобрение (статус)

- Этот продукт поможет тебе стать круче остальных. Вот как с его помощью ты заставишь всех вести себя так, как ты хочешь, и относиться к тебе так, как ты заслуживаешь. Мир прогнётся под тебя.
- Если раньше люди не вели себя так, как ты хотел, то это не твоя вина. Во всём были виноваты они или сложившиеся обстоятельства.
- Если люди не делают то, что ты хочешь, то они просто ужасные создания. Но теперь они будут делать то, что ты захочешь, потому что этот продукт сможет это исправить.

Всё, что заставит больше людей досмотреть твой контент до конца, поднимает продажи. Именно поэтому email-рассылки, смс-кампании и другие напоминания поднимают конверсию. Правило простое: *чем больше времени человек проводит с тобой, тем больше денег он тебе оставит.*

Чем точнее твои сообщения бьют в эти три ограничивающих убеждения и играют на них, тем выше будет конверсия.

Продажи через длинные презентации строятся на трёх вещах: развлечение, жизненные уроки и ломка ограничивающих убеждений. Твоя задача сделать так, чтобы человек досмотрел до конца, получил ценность и начал тебе доверять и симпатизировать.

Длинные форматы идеально конвертируют холодный трафик в покупателей. И особенно круто работают, когда продаёшь «один-ко-многим» на большую аудиторию.

Резюме

Чем дороже оффер, тем больше люди хотят о нём узнать перед покупкой. Чем холоднее аудитория, тем больше контактов с брендом, бизнесом или человеком нужно, чтобы построить доверие. Поэтому продавать дорогие офферы холодному трафику это одна из самых сложных задач в бизнесе. Чтобы это сработало, на фронтенде нужно играть в долгую. Бесплатное обучение с оффером в конце даёт максимум контактов за минимально разумное время.

- Бесплатные уроки, мастер-классы, активности, челленджи и т. д. нарабатывают признательность у тёплой аудитории и доверие у холодной. Чем дольше ваше взаимодействие, тем выше чек оффера можно ставить. Чем быстрее человек наберет «необходимое» совместное время, тем раньше ты сможешь делать оффер и успешно закрывать продажи.

- Длинные форматы идеально конвертируют холодный трафик в покупателей и особенно круто работают с большими аудиториями.

- Продажи через длинные презентации строятся на предоставлении ценности через развлечение, жизненные уроки и ломку ограничивающих убеждений. Главная цель удержать внимание до конца, дать ценность в увлекательной форме и вызвать симпатию и доверие.

- Презентации всегда бьют в три ключевых ограничивающих убеждения: результат должен прийти легко, результат должен быть самым лучшим и результат должен приносить внимание и одобрение.

- Чем больше и длиннее презентации, тем глубже ты закапываешься в эти убеждения. Главное удерживать вовлечённость во время презентации и максимально много людей перетаскивать на следующую презентацию.

- Дожимы по email и смс, которые дают ценность «до и после» покупки, поднимают явку, вовлечённость и, в итоге, текущую конверсию и все последующие.

Оффер-Приманка: Фримиум

***Примечание автора**:* *Я вырезал эту главу, потому что она подойдёт не всем бизнесам. Но если у тебя софт или медиа (любой бизнес с почти стопроцентной маржой на дополнительного пользователя), это опасная, но невероятно эффективная модель продаж, которой пользуются компании и зарабатывают миллиарды долларов.*

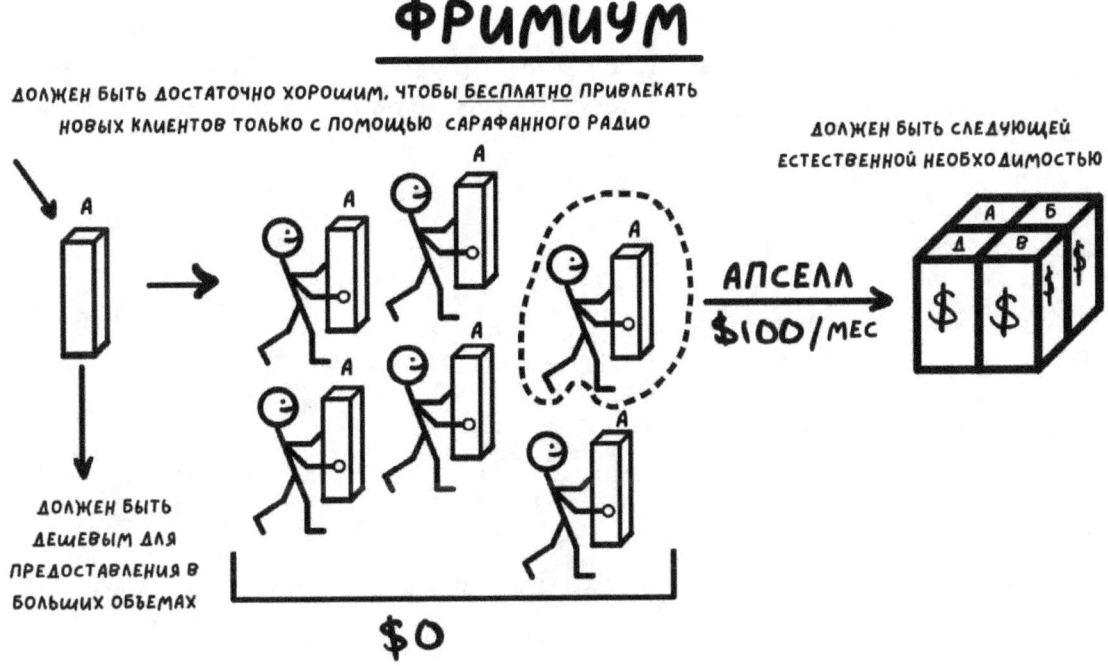

Я это понял наблюдая, как компании с фримиум-моделью делали мне апселлы. При этом почти все эти компании имеют инвестиции. Если у тебя нет инвесторов и *больших* денег, я бы *не* рекомендовал тебе эту Модель Продаж.

Тем не менее я включил её, чтобы показать полную картину возможных подходов. Если у тебя есть что-то невероятно ценное и настолько ценное, что люди сами идут к тебе без всякого маркетинга, тогда тебе это подходит. В остальных случаях лучше держаться от этого подальше.

Описание

Фримиум — одна из самых опасных стратегий привлечения, но при этом она может быть и одной из самых мощных. Это точно продвинутый ход. Честно говоря, я видел, как умные люди внедряют её гораздо чаще неправильно, чем правильно. Один из ключевых моментов, который нужно понять про фримиум, что это *не* модель бизнеса, это стратегия привлечения. И разница здесь критически важна.

Идея в том, что ты отдаёшь бесплатно что-то настолько ценное, что люди сами приходят за этим и *продолжают пользоваться* бесплатно. Они должны приходить только по сарафану, потому что продукт реально классный. Стоимость привлечения должна быть ноль долларов (или ровно столько рекламы, чтобы запустить вирусный рост). Вот здесь всё и становится сложным.

<u>Примеры</u>

Dropbox (облачное хранилище)
Бесплатное место до определённого лимита. Дальше платишь.

Spotify (приложение для музыки)
Музыка бесплатно навсегда, но с рекламой. Убрать рекламу за деньги.

Wistia (видеохостинг)
Бесплатная загрузка видео. После определённого объёма платишь больше.

Gmail (почта)
Бесплатная почта. Когда место заканчивается, либо доплачиваешь за расширение, либо письма начинают удаляться. Страх потери заставляет обновляться.

Бесплатно против Скидки

Этот оффер работает только с полностью бесплатными стратегиями. Вариант со скидкой здесь не сработает.

Детали

Вот как это выглядит, когда сделано правильно. Ты отдаёшь бесплатно ключевую часть софта, которая реально даёт ценность человеку или бизнесу. При этом люди не ценят это настолько, чтобы заплатить, но, если она бесплатная, будут пользоваться *постоянно*. Это значит, что к тебе приходят сотни, тысячи или сотни тысяч людей бесплатно. Затраты на рекламу: ноль долларов.

Идея в том, чтобы *затем* твой отдел маркетинга и продаж делал офферы этим «клиентам» и апселлил их на более высокие уровни сервиса. Получается, что у продажников огромный пул «бесплатных лидов» для апселла. Апселлить всегда проще, чем продавать с нуля. Спроектировать это невероятно сложно. Нужно отдать что-то, что 1) почти ничего не стоит тебе в обслуживании, 2) даёт *постоянную ценность* (не разовую) и 3) не отдаёт весь функционал сразу, чтобы человеку потом всё равно захотелось купить что-то ещё. Грань очень тонкая.

В B2B один из ключевых способов — это дать бесплатно что-то, что показывает дыру в бизнесе клиента, которую закрывает твой следующий платный продукт.

В B2C ты обычно отдаёшь что-то, чем люди пользуются каждый день, но ограничиваешь использование так, чтобы любой активный пользователь рано или поздно захотел большего функционала. Это достигается либо через рекламу, либо через лимиты, которые начинают раздражать при регулярном использовании.

Этот приём идеально работает с софтом, потому что софт 1) почти бесплатно может обслуживать каждого дополнительного пользователя и 2) предназначен для предоставления постоянной ценности. Поэтому «единственное», что нужно идеально угадать — это сколько именно и что именно отдать бесплатно (а это всё равно очень сложно сделать).

Твоя реальная стоимость привлечения клиента (CAC) в этой модели считается так: смотришь, какой процент бесплатных пользователей апгрейдится и сколько стоит обслуживать одного бесплатного клиента в месяц. Например, если обслуживать бесплатного клиента стоит тебе пять центов в месяц, а апгрейдится из них один процент, то твоя стоимость привлечения (CAC) получается 0,05$ / 1% = 5$/мес. Если средний платный клиент приносит 15 $/мес. или больше, то бизнес будет прибыльным и сможет расти. Потому что, не забывай, у тебя всё равно есть обычные расходы на бизнес, прежде чем ты выйдешь на чистую прибыль.

А вот как это выглядит, когда всё сделал неправильно: ты отдал бесплатно свой основной продукт. Люди пользуются им бесплатно. Дальше они ничего не хотят покупать. В итоге ты просто ведёшь бизнес, который теряет деньги на обслуживании бесплатных пользователей.

Препятствия

Вот лишь несколько проблем, с которыми ты можешь столкнуться:

№1 Проблема конверсии: Слишком мало бесплатных пользователей переходят на платный тариф.

№2 Проблема ценности: Ты отдал бесплатно что-то, что люди не считают достаточно крутым, чтобы рассказывать о нём друзьям. Тебе приходится тратить деньги на рекламу своего бесплатного продукта, а сарафана всё равно нет, и прибыли тоже нет.

№3 Проблема затрат: Людям нравится, они рассказывают друзьям, но обслуживать бесплатных пользователей выходит слишком дорого по сравнению с тем, что ты зарабатываешь на платных клиентах. В итоге бизнес убыточный.

Резюме

В целом Фримиум это очень сложная стратегия, которую трудно сделать правильно. При этом она может быть невероятно мощной. Если это твой первый бизнес, и ты не знаешь абсолютно всё про стратегию привлечения через фримиум, я бы точно не рекомендовал тебе её использовать.

Это стратегия на миллиарды долларов, которую я добавил в книгу, в основном, для полноты картины. Я думаю, чтобы её провернуть, нужно быть матёрым профи и знать все цифры бизнеса как свои пять пальцев. Но если у тебя получится, ты получишь бесконечные бесплатные лиды и вирусный рост.

Важно помнить: это не модель бизнеса. Это стратегия привлечения. Продукт должен быть бесплатным и достаточно ценным, чтобы люди сами о нём рассказывали, но при этом не настолько ценным чтобы решать все проблемы, иначе тебе нечего будет продавать дальше в качестве апселлов. Если решишься на эту стратегию — удачи! Ты явно умнее меня.

Оффер-Приманка: Плати Сколько Хочешь

Примечание автора**: *Я убрал эту главу, потому что подумал, что некоторые предприниматели могут потерять деньги, если не смогут закрыть апселл, который делает всю схему прибыльной. Но если ты умеешь продавать, это отличный ход на повышение доверия, который одновременно приносит деньги и генерирует лиды.*

Июнь 2020 года. Остин, Техас.

Я видел, как техасская жара дрожит над капотом машины, пока мы ехали. Дороги были пустые, кругом ни одной машины. Как будто катимся по городу-призраку, но вот только этот город был нашим домом. Это был разгар локдауна COVID-19. Мы с Лейлой возвращались из аптеки и увидели молодую девчонку на обочине, которая отчаянно махала табличкой *«Бесплатная Автомойка».*

Заинтригованный, я сказал: «Интересно, а в чём подвох. Ведь он явно должен быть. Поедем посмотрим?»

Лейла, как всегда, пошла мне навстречу. Она знает, как я люблю проходить чужие воронки продаж. Я повернул руль и свернул с трассы. За поворотом мы вкатились в очередь на мойку. Когда мы подъехали ближе, мойщик подошел к нам. Я опустил стекло. Он ткнул пальцем в пластиковую табличку и выдал заученную речь, которую явно повторял уже сотни раз за день.

«Стандартная мойка полностью бесплатная, но мы принимаем пожертвования для сотрудников, чтобы ребята могли прокормить семьи и пережить это всё. Будем очень благодарны. Принимаем наличку, карты и Venmo». Потом он заткнулся и стоял молча.

Суммы на табличке с «рекомендованными пожертвованиями» были выше, чем самая дорогая автоматическая мойка даже в обычные времена. Я понял намёк и достал двадцатку. Он взял её, отдал талончик и махнул дальше.

Я всегда топлю за бизнес и дальше буду это делать. В тот момент я чувствовал себя круто, так как помог работающим мужикам. При этом мои ощущения были не такими как при обычной покупке. Обычно мы покупаем и забываем. А тут моя двадцатка пошла на что-то настоящее — на американскую мечту. И пока моя машина ехала по мойке, я не мог заткнуться и всё время комментировал.

«Не, ну круто же придумано!? Добрая воля! Пожертвования! Куча новых клиентов. Кэшфлоу на высокомаржинальной услуге. Гениально. Надо обязательно придумать такую версию для тренажёрных залов».

И прямо посреди ковида наши тренажёрные залы начали использовать этот скрипт в продажах. Работало просто волшебно. Продавцы, которые раньше вообще не закрывали, стали закрывать средний чек около девяноста девяти долларов — больше, чем на обычном дешёвом оффере с пробным доступом. Красота. Ниже я покажу, как это делать, и как ты можешь применить такой оффер для привлечения новых клиентов.

Описание

Ты рекламируешь акцию как полностью бесплатную. Когда человек доходит до «оплаты», ты даёшь ему возможность выбрать цену самому. Объясняешь, что чем больше он вложит сейчас, тем больше вложит в свой результат потом. Если человек хочет результата, то чем больше он платит, тем серьёзнее относится.

Примеры

Лимонадный киоск

Оффер: Бесплатный стакан лимонада

Апселл: Но ты можешь заплатить сколько хочешь, чтобы помочь семьям сотрудников. В качестве бонуса команда приготовит стакан свежевыжатого лимонада вручную за пожертвование от 5 $, упакует кувшин лимонада домой за 25 $ и будет отправлять три месяца лимонад тебе домой при «оплате» от 99 $.

Автомойка

Оффер: Бесплатная мойка машины (вода + пена)

Апселл: Но ты можешь заплатить сколько хочешь, чтобы помочь семьям сотрудников. В качестве бонуса команда нанесёт воск при «оплате» от 30 $, отполирует вручную от 67 $ и полностью почистит салон от 99 $.

Похудение

Оффер: Бесплатный 21-дневный курс похудения

Апселл: Выбирай цену сам… обычно большинство платит 99 $ (эта фраза задаёт планку платежа). Твоё пожертвование пойдёт напрямую тренерам и их семьям. За сумму от 99 $ ты получаешь дополнительный звонок с тренером «один на один». От 199 $ — полный справочник по добавкам. От 499 $ мы тебе гарантируем, что ты скинешь на программе минимум пять килограммов, а если не получится, то зачтём всю сумму в счет оплаты любых наших услуг.

Стоматология

Оффер: Бесплатная чистка зубов

Апселл: Плати сколько хочешь… обычно большинство платит 99 $ и за это получает ещё YY бесплатно, а за сумму от 299 $ — получаешь дополнительно VWZ.

Коучинг

Оффер: Бесплатный коучинг/менторство

Апселл: Выбирай цену сам. За сумму от 299 $ идёт ещё и курс в комплекте. За сумму от 997 $ — дополнительно шесть групповых созвонов. За ноль долларов ты получаешь только доступ в группу.

Бесплатно против Скидки

Этот оффер работает только с полностью бесплатной «обёрткой». Со скидками этот оффер не сработает.

Детали

Чтобы ещё сильнее мотивировать людей заплатить, ты даёшь бонусы на трёх уровнях оплаты (маленький, средний, большой), чтобы подтолкнуть их дать больше нуля. В итоге, если человек совсем не хочет платить за первый продукт, ты всё равно даёшь базовый уровень бесплатно. При этом ты можешь и должен апселлить его на другие продукты и услуги, пока он с тобой.

Это похоже на ограниченный бесплатный оффер, только вместо «или-или» у тебя шкала без фиксированных сумм (просто ступеньки). При этом верхнего предела нет. Люди платят сколько хотят.

С самого начала продаж обязательно объясни, что у тебя система «плати сколько хочешь», и именно твоя команда выдаёт дополнительные бонусы на разных уровнях, но платить никто не обязан. Создаётся ощущение, что человек платит именно сотрудникам, а не бизнесу (люди почему-то от этого чувствуют себя лучше, хотя бизнес и так платит сотрудникам… ну ладно).

Если заранее сказать, что принимаешь пожертвования, и человек сам выбирает сумму, то ты избежишь ненужной неловкости. Плюс ты сразу получаешь доверие потенциального клиента за честность.

Когда продаёшь таким способом, ты можешь и должен жёстко задавать прямые вопросы, чтобы отсеять тех, кто не подходит для долгосрочной работы. Если чувствуешь, что человек не собирается оставаться, *тогда смело отсеивай*. Будь искренним. Это должно ощущаться как собеседование. Хорошие клиенты — это те, кто платит с радостью и благодарен. Это такой мини-тест. Задавай реальные вопросы, чтобы понять уровень их мотивации. Это хорошо и для их блага, и для твоего. Примеры: *Готов поменять то, как ты делаешь X? Готов бросить Y? А если жизнь закрутит, перестанешь приходить? Будешь посещать все встречи?*

Убедись, что бесплатный продукт не перегружает операционку, чтобы ты мог раздавать его всем и не выжечь команду. Продукты с высокой операционкой оставляй для тех, кто решил заплатить.

В конце твоей «продающей» речи перечисли все бонусы, которые выдаёт команда на каждом уровне, потом скажи: «Принимаем Visa, Mastercard или XYZ, какой вариант тебе удобнее?» И замолчи. Человек сам достанет карту и скажет, какой уровень он выбирает. Сказать «нет» в такой ситуации ему будет очень сложно.

Резюме

Такие офферы при правильной реализации дают кучу пожертвований. Люди чувствуют себя круто, когда дают деньги, потому что это не требование, а их собственный выбор. Это игра на их щедрости. Человек ощущает полный контроль над своей судьбой, а ты подчёркиваешь, что он помогает людям. Отношения сразу строятся на доверии и симпатии, что идеально готовит почву для будущих апселлов. Плюс конверсия очень высокая, хотя средний чек обычно ниже, чем в других схемах. Отлично работает при низком доверии на первом контакте, потому что в нём много человеческого отношения. Это один из самых простых «бесплатных апселлов», которые вообще существуют.

Полезный совет: Платная версия «Плати сколько хочешь»

Я видел, как одна галерея искусства провернула это так. На каждой картине стоял диапазон цен. И человек сам выбирал, сколько хочет дать, чтобы поддержать художника. Например, «эта картина от 149$ до 299$». Я спросил у владелицы, как это работает. Она сказала, что большинство платит выше середины, потому что не хочет выглядеть жмотом или показать, что не поддерживает художника. Это коктейль 50/50 из благотворительности и капитализма. Мне нравится. Попробуй, если это подходит твоему бизнесу.

Оффер-Апселл:
Бесплатно с Альтернативным Доходом

Примечание автора**: *Я убрал этот апселл, потому что подумал, что слишком мало бизнесов смогут его применить.*

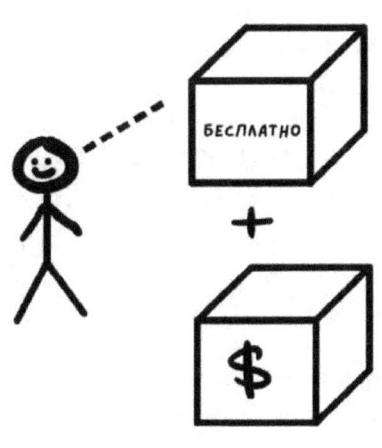

БЕСПЛАТНО ПРИ НАЛИЧИИ ВТОРОГО ИСТОЧНИКА ДОХОДА

ТЫ ПОЛУЧАЕШЬ ЭТОТ ЦЕННЫЙ ПРОДУКТ, ЗА КОТОРЫЙ ДРУГИЕ БЕРУТ ДЕНЬГИ, БЕСПЛАТНО И НАВСЕГДА, ПРИ УСЛОВИИ, ЧТО ТЫ...

- ПРОДОЛЖАЕШЬ ПЛАТИТЬ ЗА ВТОРОЙ ПРОДУКТ...
- КУПИШЬ У НАС ДРУГОЙ ПРОДУКТ, КОТОРЫЙ ТЕБЕ ПОНАДОБИТСЯ В СЛЕДУЮЩИЙ РАЗ...
- ПОЗВОЛИШЬ НАМ ИСПОЛЬЗОВАТЬ ЦЕННЫЙ РЕСУРС, К КОТОРОМУ У ТЕБЯ ЕСТЬ ДОСТУП...

Примерно 2019 год.

Вот пересказ истории одного владельца тренажёрного зала, которая научила меня двум вещам: 1) отличной стратегии даунселл/апселл и 2) как красиво и с пользой вывести человека из разговора о продаже, если он не хочет брать основной продукт.

Когда человек заходил, смотрел тренажёрный зал и потом говорил «нет» на покупку абонемента, то меня это просто убивало. Но вдруг у меня случилось озарение. Я подумал, что, если вместо того, чтобы неловко выводить его за дверь, почему бы не предложить ему что-то бесплатное? Теперь я просто говорю: «Ничего страшного» и протягиваю флешку. «Вот всё, что нужно, чтобы делать эту программу дома, полностью бесплатно».

Ты бы видел их лица. В индустрии, где все пытаются подписать каждого на годовой абонемент, они думают, что я святой. Но настоящая хитрость вот в чём. После того как я отдал флешку, то спокойно добавляю:

«Чтобы дать тебе правильный старт, давай запишем тебя на бесплатный разбор питания, чтобы ты действительно смог получить нужные результаты. Разбор за наш счёт. Мы просто хотим, чтобы наше комьюнити было здоровым, и может быть, когда ты сможешь себе позволить абонемент, то вспомнишь о нас».

Почти 100% людей, которые сказали «нет» на покупку абонемента в тренажёрном зале, в итоге приходили на эти разборы питания. И знаешь что? На этих разборах мы продавали им добавки вместо тренировочных программ.

А самое безумное, что эти люди, которые сначала отказались от тренировок, тратили на добавки на 50% больше, чем обычные клиенты. Я, по сути, создал подход «каждый лид становится клиентом», и моя команда продаж в восторге, потому что помогала каждому, кто зашёл в тренажёрный зал.

Все вокруг называли это «продажа без продажи». Идеальное название, правда? Я продаю людям, которые думают, что ничего не покупают.

Как только я это запустил, то подумал: «А почему бы не сделать эту бесплатную флешку фронтендом, чтобы просто заводить людей в тренажёрный зал? Дальше я либо делал апселл на абонемент в зал, либо они продолжали каждый месяц покупать у нас добавки и даже не занимали место в тренажёрном зале. Все в выигрыше». Так я и сделал. И это сработало.

∗∗∗

Это показывает, что люди хотят решить одну и ту же проблему *разными* способами. Дай им несколько вариантов, и ты получишь дополнительные попытки сделать продажу. Плюс эта стратегия позволила ему и всем другим тренажёрным залам, которые потом скопировали её у нас, превращать *каждого лида в клиента*.

Есть несколько способов её использовать. Это может быть даунселл, как в начале истории, а может быть и фронтенд-оффер, на что был намек в конце. Разберём оба варианта.

Описание

Этот оффер сильно зависит от того, какие источники дохода есть у бизнеса. По-простому: Мы отдаём один тип услуги (или продукта) бесплатно, а делаем апселл на что-то другое.

Ты можешь сделать апселл на разовый продукт или услугу, чтобы отбить рекламу. Или сделать апселл по подписке. Или построить весь бизнес на том, чтобы один продукт отдавать бесплатно, а зарабатывать на другом. Это работает и с разовыми услугами, и с подписками, но при условии, что твой апселл имеет достаточно высокую маржу, чтобы покрыть расходы на предоставление обоих офферов (бесплатного и платного). Но в итоге все варианты сводятся к двум большим категориям:

Парный Апселл: Я даю тебе продукт «А» бесплатно, в обмен на то, что ты покупаешь продукт «Б».

ИЛИ

Независимый Апселл: Я даю тебе продукт «А» бесплатно, а потом буду подталкивать тебя купить продукт «Б».

Это всё немного разные нюансы одной и той же идеи. Но я надеюсь, что они подкинут тебе свежих мыслей, как применить это в своём бизнесе или у твоих клиентов.

Примеры

Складское Хранение

Оффер: Бесплатный месяц хранения

Парный Апселл: Хочешь купить замок для складского бокса? (Только наши замки подходят к этим дверям, их нигде больше не купишь).

Клиника Похудения

Оффер: Бесплатная 28-дневная программа

Независимый Апселл: (На разборе питания, который проводим на старте программы сразу после записи). Чтобы получить максимум от бесплатных 28 дней, тебе точно понадобится этот набор добавок за 400 $.

Физиотерапевт

Оффер: 4 бесплатных сеанса

Независимый Апселл: Чтобы лечение сработало на полную, тебе понадобятся стельки, резинки, бандажи, масла и тейпы.

Инфо/Коучинг/Обучение + Софт

Оффер: Я обучаю твоё агентство бесплатно пока ты пользуешься нашим софтом.

Парный Апселл: Мы зарабатываем на софте по умолчанию.

Реальный пример: Бесплатная книга по заработку на недвижимости

Апселл №1: Доставка

Апселл №2: Аудиоверсия

Апселл №3: Шаблоны договоров на сделки

Апселл №4: Тренинг «Где искать клиентов»

Апселл №5: Курс «Как найти финансирование, если у тебя нет своих накоплений»

Заметка: Каждый из этих продуктов является обязательным элементом успеха по стратегиям из книги. Самая сложная продажа для тебя — это первая (сама книга как возможность для апселлов). Все остальные Офферы-Апселлы — это то, что человеку всё равно потребуется, чтобы получить результат.

Бесплатно против Скидки

Этот оффер работает со скидочной «обёрткой». «Ты можешь получать наши услуги всего за 5$ в месяц (обычно 100$/мес), пока продолжаешь пользоваться нашими продуктами».

Мой знакомый владелец сети двухсот с лишним клиник похудения вырос именно на этом простом оффере. Они предлагали услуги похудения за 5$ в месяц на целый год, *но только и если* клиент покупал их добавки, батончики, коктейли и программу питания. Гарантия результата тоже зависела от того, что человек продолжает всё это покупать и использовать.

Бизнес был очень успешным, в клиниках работали врачи и медсёстры, но услуги они, по сути, отдавали почти даром, потому что зарабатывали огромные деньги на расходниках. Это дало мне интересный инсайт: люди охотнее платили за физические продукты, чем за услуги от профессионалов в белых халатах. Люди любят осязаемые вещи. С тех пор я всегда стараюсь добавить что-то физическое к услугам, если есть удобный способ.

Детали

С этим оффером ты будешь использовать многошаговый процесс продаж. Если ты рекламируешь продукт «А» как *бесплатный*, тогда ты действительно должен иметь возможность отдать его бесплатно. Поэтому ключевое значение имеет то, что ты отдаёшь что-то с низкими дополнительными затратами (то есть добавление ещё одной единицы стоит тебе недорого).

Если ты используешь его как фронтенд-оффер, тогда следующий продукт должен быть естественным шагом, который лиду всё равно понадобится позже. Это работает только тогда, когда ты лучше самого лида понимаешь его проблему и возможные решения. Поэтому модель продаж должна вести лида по логике его собственных потребностей.

В примерах, которые я привёл, модель продаж на этом не заканчивается. В каждом из этих сценариев будут дополнительные апселлы:

- Складское хранение будет апселлить коробки, боксы побольше и долгосрочные контракты.

- Клиника похудения будет апселлить подписку на услуги, подписку на добавки, готовое питание, батончики, гормональную терапию и так далее. Они также скорее всего сразу закроют на подписку услуг, чтобы бесплатная услуга стала ещё и Бесплатным Доступом со Штрафом. Так ты захватываешь несколько потоков дохода.

- Физиотерапевты скорее всего будут апселлить пакет долгосрочной программы лечения.

Эффективность этого приёма зависит от двух вещей:

1) От того, насколько лид считает следующий продукт обязательным или необходимым (как замок в примере со складом).
2) От того, насколько апселл проходит для лида гладко и без сложностей. Если ты сделаешь его полностью естественным, конверсия в апселл может доходить до 90% и выше. Человеку должно *казаться*, что купить это *совершенно логично и правильно*.

Главное преимущество этого оффера как фронтенда заключается в том, что с его помощью можно полностью окупить стоимость привлечения. Если на самом бесплатном продукте ты зарабатываешь ноль долларов (это естественно), но знаешь, что 80% берут апселл на триста долларов с маржой 80%, тогда ты зарабатываешь 300 \$ × 80% × 80% = 192 \$ с каждой отданной бесплатно вещи… и это только первый апселл. А должны быть и будут ещё много других.

Но поскольку конверсия в апселл очень высокая и деньги приходят сразу, это один из самых простых способов генерировать живые деньги сразу с минимальной нагрузкой на операционку. Физические и цифровые продукты идеально сочетаются с услугами именно в этой модели продаж.

Мы используем это постоянно для внутренних сделок. Я имею в виду, когда продвигаем оффер по своей существующей аудитории. Ты можешь мотивировать их приводить друзей на бесплатный продукт. Они будут рады и привести друзей, и поучаствовать сами. В итоге получаешь новых клиентов и доход с простого оффера. По сути, это комбо бесплатного триала и апселла. Поскольку большинство твоих клиентов берёт оффер, во многих случаях ты заработаешь больше на схеме «бесплатно + апселл», чем если сразу продаёшь что-то по средней цене. Представь, что ты встречаешься с сотней людей и продаёшь тридцати из них какой-то продукт за 99 $. Или встречаешься с той же сотней людей и всем даёшь бесплатный продукт, а потом восемьдесят из них покупают апселл за 300 $. В итоге и денег больше, и клиентов больше (плюс ещё новые рефералы).

Ты можешь использовать это сразу при первом контакте на холодном трафике. Тогда на первой продаже тебе нужно закрыть на пробный период плюс сделать привязку карты, а уже на втором шаге (встреча/созвон) – сделать апселл, иначе будет много людей, которые просто не придут на звонок.

ЗАМЕТКА: Если человек не берёт апселл, он с большой вероятностью не останется в программе. Это самый точный предсказатель бэкенд-конверсии. Поэтому хотя эта продажа может показаться мелкой, но она самая важная для пожизненной ценности клиента. Ты обязан сфокусироваться именно на ней. Не в смысле «было бы неплохо» продать этот апселл. А это обязательная метрика для тебя.

Резюме

Эта классная схема продаж по своей аудитории, генерирует тонну рефералов и легко продаётся. С холодным трафиком комбинируй её с бесплатным триалом, чтобы сразу привязать карту и получить сильную бэкенд-подписку с высокой конверсией на дальнейшие апселлы. Это может приносить тебе больше денег, чем продажа чего-то по низкой или средней цене. А также, это почти всегда приводит огромный объём лидов.

Оффер-Подписка: Пожизненные Обновления

Заставь их оставаться.

Примечание автора**: *Эта глава разбирает разницу между пожизненными и разовыми бонусами. Я подумал, что слишком мало бизнесов смогут подогнать её под себя. Но если у тебя бизнес с подпиской на услуги, эта модель может быть очень эффективной.*

Версия №1

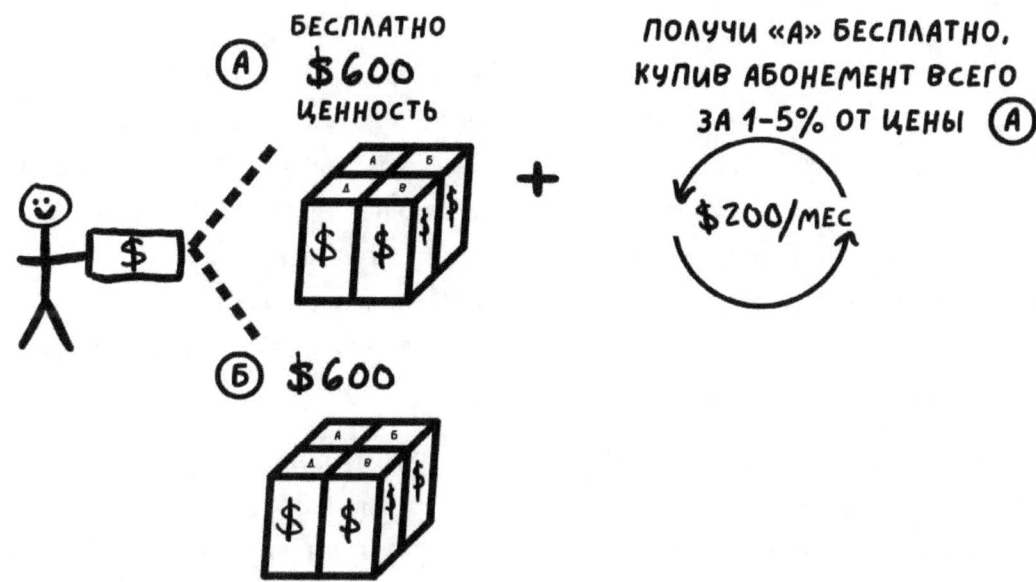

Версия №2

Июнь 2017года.

После того как мы вручную запустили тридцать шесть тренажёрных залов и нас полностью добили проблемы с платёжными системами (это вообще отдельная сумасшедшая история, читай всё в книге *«$100МЛН Лиды»*), мы с Лейлой решили, что с нас довольно. Мы хотим закрыть Gym Launch и, вместо этого, продавать только программу по похудению. Но это означало, что мне нужно было обзвонить все тренажёрные залы и сообщить им плохую новость о том, что Gym Launch больше не продаётся. Когда я позвонил первому владельцу тренажёрного зала, чтобы отменить его запуск, он *отказался* в это поверить! И после небольшого спора он в итоге спросил, а не могу ли я просто научить *его,* как раскрутить тренажёрный зал, вместо того чтобы прилетать и делать запуск. Я согласился, и вот так мы спасли Gym Launch. При этом я случайно «изобрел» лицензионный оффер, который мы используем до сих пор.

Это означало, что я перешёл от разъездов по стране и запусков тренажёрных залов к продаже права использовать мою проверенную методику и мои материалы под их брендом вместе с моей поддержкой, чтобы владельцы тренажёрных залов могли делать это самостоятельно. Я давал им всё: рекламу, скрипты, обучение продажам, дожимы и так далее. Это стоило 16 000 $ и работало на ура. Тренажёрные залы, которые использовали нашу схему, *в среднем* зарабатывали около 30 000$ *за первые тридцать дней.* Для обычного владельца тренажёрного зала это *меняло жизнь.* Но у меня всё ещё была большая проблема.

Хотя мой продукт был дорогим и работал отлично, я мог продавать его каждому клиенту только *один раз.* Клиент купил и на этом всё — конец. А это реальная проблема, если ты хочешь реинвестировать в рост *и* платить себе (мой любимый вариант, потому что я люблю получать деньги). Чтобы решить это, мне нужно было придумать, что ещё я могу продавать им дальше. Как раз Оффер-Подписка идеально подошёл в этом случае.

Даже если бы я тратил *все* деньги от первой покупки на привлечение новых клиентов, подписка продолжала бы приносить доход. *Но у меня её не было,* чёрт возьми… Но потом мне неожиданно повезло. Один владелец сам вышел на связь и дал мне идеальную возможность…

«Эй, чувак, как дела?»

«Я в деле».

«Эээ… в каком деле?»

«Ты серьёзно? В твоём следующем продукте. Я уже заработал 55 000 $ за последние шесть недель — это возврат триста сорок процентов. Так что, если твой следующий продукт хотя бы наполовину такой же крутой, как этот, я готов купить его ещё вчера».

Надо думать быстро.

«Так, эээ… а как у тебя дела с тренировками в мини-группах?»

«Ну… их у нас вообще нет», — ответил он.

«… а сколько ты зарабатываешь на добавках?»

«Ноль. Мы этим тоже не занимаемся».

Начинаю чувствовать уверенность.

«А что насчёт оттока, найма, внутренних процессов, ты их уже отстроил?»

«Эмм… не особо». Он немного приуныл.

Время делать ему оффер.

«Понял. Так… ты хочешь выбраться из ежедневной мясорубки и наконец масштабировать свою сеть тренажёрных залов?»

Он сразу расправился.

«Бро, это звучит круто! Как я сказал — всё что угодно, я в деле!»

Даунселлю через апселл.

«Ладно. Цена гораздо выше, но и программа гораздо длиннее, нормально?»

«Думаю да», — сказал он. *Уже чуть колеблясь.*

«Это…» — стучу по калькулятору — «…42 000 $ в год. На три года».

Он молчит. Тишина.

Чёрт. Добавляю бонус.

«И плюс, ты получаешь доступ прямо сейчас, ещё до начала платежей, нормально?»

Он достал свой калькулятор и посмотрел шокировано, потом ухмыльнулся. «Алекс, это 3 200 $ в месяц. Это на двадцать процентов дешевле в месяц, чем Gym Launch. По рукам. Что я получу сразу на старте?»

Ох ты ж… «Ну, это зависит от того, что сейчас тормозит твой тренажёрный зал.

Мы найдём это узкое место, потом я предложу вариант как это исправить. Будем повторять это каждые две недели, пока у тебя не будет столько денег, что ты не будешь знать куда их потратить. Нормально звучит?»

«Индивидуальные решения каждые две недели и *специально под мой тренажёрный зал*? Круто. Поехали!»

***

Он и не подозревал, что у меня ещё ничего не было готово. Я оставил это на «будущего Алекса». Но я знал точно одно. Теперь у меня появился Оффер-Подписка. Тот самый, где я *каждые четырнадцать дней* даю новое решение для увеличения дохода в любом тренажёрном зале. Вау!

Это было просто безумие. И результаты продаж были такими же. Я продавал это почти два года, и это выжало меня досуха. Но зато это означало, что я мог все лишние деньги вливать в привлечение новых клиентов *и* получать ежемесячную оплату. Так я и сделал. Выручка Gym Launch выросла *больше чем в тринадцать раз*. С 300 000 $ в месяц до 4 000 000 $ в месяц. Так что это… сработало на ура.

Я получил важный урок. Клиенты могут начать с любого оффера, если я сделаю его достаточно вкусным. Но чтобы остаться со мной надолго им нужны были веские причины, и желательно сделать их персональными. Я давал им такую причину каждые четырнадцать дней. Наша выручка продолжала расти каждый день. И не потому, что мы продавали новым клиентам, а потому что я давал веские причины продолжать платить старым клиентам. Именно хороший оффер убеждал их начинать, а хорошие бонусы заставляли их оставаться.

Теперь и ты можешь сделать так же.

Описание

С предыдущими офферами в этом разделе мы *заводили* людей в программу подписки. Теперь мы сосредоточимся на том, чтобы они *оставались*. Как только они становятся клиентами, наша задача чтобы они *оставались* клиентами надолго.

Мы можем убедить людей дольше оставаться в подписке с помощью бонусов. Они дают больше ценности *в дополнение* к самому подписочному продукту. Поэтому, чтобы улучшить ежемесячное удержание, необходимо предоставлять дополнительную ценность ещё каким-то образом каждый месяц.

Когда я создаю бонус, я думаю о «когда» и «что». Для части «когда» я использую задержки или ключевые этапы. Это значит, *как долго им придётся ждать* (задержки) или *что они должны сделать или достичь* (ключевые этапы), чтобы получить этот бонус.

Для части «что» я даю им разовый бонус, переменный бонус или пожизненный апгрейд. Разовый бонус ты даёшь *один раз*. Подумай об одной вещи, одном использовании, одной активности или разовом доступе. Переменный бонус ты даёшь по графику, но каждый раз он меняется. А пожизненный апгрейд означает постоянное ценное изменение самого сервиса в подписке, например функции или услуги.

Теперь ты просто соединяешь «когда» и «что». После этого человек должен ждать определённый срок или сделать определённые вещи, чтобы получить бонус один раз, получать переменный бонус по графику (например, ежемесячно, ежеквартально, ежегодно и так далее) или получать один и тот же бонус навсегда. Время до первого бонуса продлевает их пребывание один раз. А если ты продолжаешь давать им бонусы, ты можешь продлевать их пребывание много раз.

Если ты не уверен, какой бонус предложить, то вот тебе пример, как делаю я. Прежде всего я думаю о двух вещах. Во-первых, как дать им больше или лучше чего-то, если смотреть с точки зрения уравнения ценности, то это что-то быстрее, проще или без риска. И во-вторых, я использую свой готовый список разных типов бонусов (смотри главу «Бонусы» в книге *«$100МЛН Офферы»* и главу *«Даунселл Урезанный Оффер»* в книге *«$100МЛН Модели Продаж»*). Обе этих главы дадут тебе разные взгляды на все типы бонусов.

В итоге ты сможешь сделать Оффер-Подписку почти на всё что угодно, что даёт клиентам постоянную ценность. И при этом ты сможешь заставить людей держаться за твою подписку как можно дольше, добавляя ценность с помощью разового бонуса уже после первой оплаты, и делая это в дальнейшем с помощью переменных бонусов.

Примеры

Разовый Бонус с Задержкой — Локальный Сервис

Когда: Оставайся клиентом четыре месяца подряд и станешь «продвинутым участником»

Что: Получи доступ на наш ежегодный клиентский фестиваль

Переменный Бонус с Задержкой — Локальный Сервис

Когда: Оставайся клиентом четыре месяца подряд и на пятый месяц…

Что: Получай приоритетный VIP-доступ на самые востребованные слоты (утро, вечер, выходные)

Бонус по Достижению Ключевого Этапа — Цифровой Продукт

Когда: Приведи друга и если он оформит подписку…

Что: Получи доступ к следующему модулю курса

Переменный Бонус — Физический Продукт

Когда: Оставайся клиентом на подписке (корм для собак)

Что: Получай каждый месяц новое лакомство/игрушку/книгу о собаках

Когда: Оставайся клиентом на подписке (мясные наборы)

Что: Получай бесплатный бекон к каждому заказу навсегда (отменишь подписку и бекон пропадает)

Бонус за Постоянное Использование — Лизинг Автомобиля

Когда: Накатай 3 000 миль (ключевой этап) или шесть месяцев (задержка)

Что: Получи бесплатное ТО машины

Важные Дополнения

Убедись, что клиенты знают о том, какие бонусы ты им даёшь. Они смогут по-настоящему загореться и захотеть остаться дольше, только *если знают, что этот бонус вообще существует*. Так что расскажи им! Неважно, как давно они подписались, совсем недавно или уже с тобой целый год. Всегда рассказывай, что будет *дальше*, и какие бонусы они получат. А если у тебя есть повторяющиеся бонусы, то сразу после того, как выдашь первый, расскажи про *следующий*. Короче, всегда держи их в ожидании следующего бонуса.

Как рассказывать клиентам про будущие бонусы. Сообщай клиентам <u>тип</u> бонуса, который они получат, но содержимое бонуса оставляй в секрете, это даёт тебе гибкость *и* делает бонус ценнее. Например, в Gym Launch, мои клиенты знали, что каждый месяц они получат новую рабочую схему от меня, но точную схему я держал в секрете. При этом бонус шёл *в дополнение к остальному контенту, к которому они уже имели доступ*, что делало бонус не только регулярным, но и очень ценным, а значит, они платили максимально много и максимально долго.

Переменные бонусы или пожизненные апгрейды. Если твой бонус не даёт огромного и постоянного улучшения, держи его переменным. Не важно, насколько круто ты сделал свой продукт, клиенты к нему привыкнут. Поэтому, если давать новое (даже если оно менее ценное) чаще, то это позволяет дольше удерживать интерес бо́льшего количества клиентов.

Делай ключевые этапы для соответствующих бонусов. Я всегда делаю их такими, чтобы они либо помогали клиенту стать успешнее (точки активации), либо заставляли его рекламировать тебя, а в идеале и то и другое сразу. Например, если клиент публично объявит о старте челленджа по похудению, это повысит его дисциплину *и* заодно он прорекламирует твой бизнес, так почему бы не дать ему бонус именно за это. Подробнее эти приёмы описаны в главе «Получи Свои Деньги Обратно» в книге *«$100МЛН Модели Продаж»*, и они работают идеально.

Комбинируй бонусы, когда это возможно. Ты можешь объединять «когда» их давать и «что» именно давать. Для «когда» можно сделать один Бонус с Задержкой, а второй только за Достижение Ключевого Этапа. Для «что» можно сделать Разовый Бонус, который мотивирует записаться и дотянуть до определённой точки, а Регулярный Бонус (переменный или пожизненный апгрейд) заставляет оставаться дальше. Так что ставь один большой бонус за то, что клиент продержится период X, потом постоянный апгрейд после периода Y, и плюс ещё один разовый бонус за достижение ключевого этапа. Короче, используй всё сразу.

При правильной подаче ты сможешь превратить кучу всего в переменный бонус. Бонусами могут быть новые продукты, улучшенные продукты (обновления) или просто большое количество того, что клиентам уже нравится. Гигантские стриминговые сервисы делают все три варианта сразу. У них и так контента больше, чем один человек сможет посмотреть за всю свою жизнь. Но они всё равно выпускают новые шоу, новые сезоны любимых сериалов и постоянно улучшают рекомендации под вкусы зрителей.

Давай клиентам статус и повод похвастаться, когда они открывают бонусы. Как только клиент разблокировал большой бонус, меняй его бейджик.

Например, после шести месяцев вместо «клиент» начинай называть его «VIP». Умные ребята вроде нас подбирают названия бейджика под черты лояльных клиентов. Переходи от обычного «клиента» к различным статусам: «преданный», «пожизненный», «продвинутый», «активный», «элитный» и так далее. Будет ещё лучше, если новым статусом клиенты смогут похвастаться *и* им будет обидно/невыгодно его потерять. Типа как у авиакомпаний с их супер-привилегированным двойным алмазным статусом.

Празднуй смену статуса публично. Чем больше ты добавишь ритуалов, маленьких церемоний или «выпускных» к смене статуса, тем ценнее он становится. Чем выше статус они получают и чем больше этот статус им даёт, тем меньше они захотят его потерять. А значит, будут *держаться* дольше. Делай такие празднования ежемесячно, ежеквартально или когда у них есть крупные достижения, которые стоит отметить.

Резюме

- Чтобы больше людей оставались с тобой максимально долго, раздавай бонусы максимально длительный период.

- При создании бонусов знай свои «когда» и «что».

- «Когда» — ты даёшь бонус либо с задержкой, либо за достижение ключевого этапа.

- Бонусы с задержкой выдаёшь после определённого количества платежей или по истечении срока.

- Бонусы за достижение ключевого этапа выдаёшь после того, как клиент что-то сделал или достиг какого-то результата.

- «Что» — ты даёшь бонусы: разовый, переменный или пожизненный апгрейд.

- Разовые бонусы выдаются один раз и продлевают пребывание клиента один раз. Поэтому со временем тебе может понадобиться много разовых бонусов, чтобы они удерживали клиентов как можно дольше.

- Переменные бонусы каждый раз включают что-то новое.

- Пожизненные апгрейды дают дополнительные функции или услуги.

- Комбинируй бонусы. Чем больше стимулов у человека начать и остаться, тем лучше.

- Когда кто-то зарабатывает большой бонус, дай ему новый бейджик, показывающий его эксклюзивный статус.

- Делай из бонуса грандиозное событие для клиента и делай это публично, если ему это комфортно.

Оффер-Подписка: Пожизненные Скидки

Заставь их остаться.

Примечание автора**: *Эта глава раскрывает разницу между пожизненными и разовыми скидками. Она была в ранней версии $100МЛН Модели Продаж, но я её вырезал, потому что многие начнут слишком сильно резать цены, и в итоге угробят свой бизнес.*

Лето 2015года.

Зазвонил телефон. Глянув на экран, увидел «Запускатор». Неделями я пытался дозвониться до этого парня. Я мало что о нём знал. Но один мой друг сказал: если хочешь серьёзно заниматься запуском тренажёрных залов, то поговори с лучшим. «Запускатор» и был лучшим в этой теме.

Когда крупные сети открывают новый тренажёрный зал, они отправляют туда «команду звёзд». Топовых специалистов по маркетингу, лучших управленцев, лучших продуктовых экспертов и так далее. Это гарантирует, что при открытии тренажёрный зал произведёт *убойное* первое впечатление на рынок. Прямо как мне нужно. А *когда* бизнес встаёт на ноги, «звёзды» вместо себя нанимают обычную команду. Потом сами смываются и повторяют всё снова.

«Запускатор» открывал тренажёрные залы для сети фитнес-клубов стоимостью миллиард долларов. Я не мог дождаться, чтобы поучиться у него. Мы говорили почти час. Я много чего у него узнал, но эта фишка было вишенкой на торте.

«Мы открываем каждую точку минимум с 400+ постоянными членами на старте, или иначе не открываемся вообще», — сказал он.

«Ты серьёзно?»

«Да нет, чувак, реально. Мы просто *разрываем* в день открытия».

«А что вы делаете?»

«Рекламируем 14-дневный триал с пожизненной скидкой на абонемент. Но пожизненную скидку предлагаем только тем, кто запишется *до открытия*. Называем это «скидка для первых участников». И поскольку скидка пожизненная, а времени на неё мало, то куча народу её хочет. Поэтому мы открываемся забитыми под завязку».

Вау. «Как, чёрт возьми, вы остаётесь в плюсе с *пожизненными* скидками?»

«Мы знаем свои цифры. После 14-дневного триала подписывается 80%. Если набираем 500 триалов, то с 15-го дня платят 400 человек. Выходим в прибыль уже в первый месяц. Кроме того, большинство остаётся, потому что не хочет потерять пожизненную скидку. Получаются пожизненные клиенты».

Всё слишком логично. Это был не просто мощный оффер для привлечения, он ещё заставлял людей оставаться надолго. Он только что выдал мне секрет на миллиард долларов.

Описание

Пожизненные скидки, по крайней мере так, как я их использую, дают клиентам цену ниже *до тех пор, пока они платят регулярно*. Клиенты мотивированы принять оффер прямо *сейчас*, потому что сразу получают ценность со скидкой. А с моим подходом к Пожизненным Скидкам клиенты ещё и остаются надолго. Потому что если они уйдут, то скидку обратно им больше никогда не вернут.

Чтобы сделать пожизненные скидки ещё привлекательнее, добавь ограничение по времени, ограничение по количеству и убедительную причину (пример: день открытия).

Если добавить эти компоненты, то пожизненные скидки работают как магия.

Просто предложи снизить его ежемесячный тариф до тех пор, пока он продолжает платить. Сделай это ещё привлекательнее, ограничив количество покупателей или время покупки. Готово. (Подробнее про срочность и дефицит читай в книге «$100МЛН Офферы»).

Пожизненная скидка работает только если после окончания этого оффера ты реально поднимаешь цену. Иначе ты просто лепишь цену от балды и «прикидываешься», что это скидка. Не делай так…фу.

«Запускатор» использовал пожизненные скидки как Оффер-Приманку. Я предпочитаю использовать их как апселлы. Я позволяю людям сохранить скидку с помощью Апселла-Переноса и *только* если они полностью выплатят все причитающиеся платежи. Это заставляет их *купить* и заставляет их *оставаться*. Думай об этом как о «защите цены», которую ты им сохраняешь, пока они продолжают платить.

Важный момент: Когда даёшь Пожизненные Скидки или любые другие скидки, убедись, что после скидки ты всё равно остаёшься в прибыли.

Примеры

Регулярная Локальная Услуга

Розничная цена: 400 $/мес.

Оффер: 50% скидки от розницы навсегда

Цена со скидкой: 200 $/мес.

Причина: Новая Локация

Ограничение по времени: До открытия

Ограничение по количеству: Места в группах заканчиваются!

Разработка Цифрового Продукта: Ранний Доступ

Розничная цена: 39 $/мес.

Оффер: 20 $ скидки от розницы навсегда

Цена со скидкой: 19 $/мес.

Причина: Будут ошибки (баги)

Ограничение по времени: До запуска

Ограничение по количеству: Возьмём только X человек для обратной связи

Регулярный Физический Продукт: Новый Вкус Добавок «Тестовая» Цена

Розничная цена: 19,99 $/мес.

Оффер: 14,99 $/мес. навсегда

Цена со скидкой: 14.99 $/мес.

Причина: Нам нужна твоя обратная связь!

Ограничение по времени: До X даты

Ограничение по количеству: Пока не закончится эта партия

АЛЬТЕРНАТИВА:
Регулярный Физический Продукт: Новый Вкус Добавок «Тестовая» Цена

Розничная цена: 19,99 $/мес.

Оффер: 5 $ скидки в месяц навсегда после того, как продержишься пять месяцев

Цена со скидкой: 14,99 $/мес.

Причина: Хотим вознаградить за твою лояльность

Ограничение по времени: Нет

Ограничение по количеству: Нет

Важные Дополнения

Пожизненные скидки идут с жирным предупреждением: *знай свои цифры наизусть.* Пожизненные скидки работают очень круто. Но если ты не знаешь свои цифры, ты можешь получить серьёзные проблемы. Этот оффер фиксирует клиенту скидку *до тех пор, пока он платит.* Помни, стоимость привлечения клиентов и стоимость исполнения твоих обязательств будут меняться. Если твои затраты вырастут, и ты перестанешь получать прибыль, а у них при этом зафиксированная ставка, то *у тебя будут большие проблемы*.

Три способа показать пожизненную скидку. Можно дать процент от розничной цены (50% скидки), фиксированную сумму от розничной цены (20 $ скидки) или фиксированную цену (защищенная цена). Первые два варианта гораздо гибче. Если что-то меняется (а оно всегда меняется), ты можешь поднять розничную цену, а клиенты с пожизненной скидкой *всё равно сохранят свой дисконт*. Поэтому если решаешься на фиксированную цену навсегда, то <u>знай свои цифры наизусть</u>.

Ограничивай защиту цены фиксированными периодами. Я всегда стараюсь сохранить гибкость. Фиксировать одну цену — это *навсегда* ограничивает меня. Чтобы это обойти, я предлагаю защиту цены на *определённый срок*, а не *навсегда*.

Пример: обычно 50 $/мес., но ты можешь платить 20 $/мес. следующие 36 месяцев.

Никогда не упускай случайную возможность. Пожизненные скидки кажутся слишком хорошими, чтобы быть правдой. Поэтому нужна мощная причина, чтобы это выглядело правдоподобно. *Лучшие* причины — это реальные жизненные события. Ты можешь дать скидку и по хорошему поводу, и по-плохому. Вот мои любимые поводы: неожиданные расходы (протечка, налоги, суды, личные проблемы и т. д.), мой день рождения, годовщина, праздник, скидка для первых, повреждённый товар, бета-тестеры, побаловать местное сообщество, новый продукт, новые вкусы/объёмы/формулы — ограничивает только твоя фантазия и то плохое (или хорошее), что с тобой случается.

Если ты говоришь, что этот оффер будет только один раз и никогда больше, то держи слово. Чтобы сохранить гибкость, всегда можно поменять, что входит в оффер, и снова продавать по этой «ставке», просто не продавай *дважды* тот же самый продукт, который ты назвал «только один раз». Бизнесы постоянно тестируют цены, и это нормально. Главное, не предлагай двум разным людям разную цену *на один и тот же продукт одновременно*.

Ты можешь дать Пожизненную Скидку на один продукт, если клиент покупает другой по полной рознице. Если у тебя две или больше дополняющих друг друга услуги, подумай о том, чтобы одну отдать с жирной скидкой для «первых» навсегда, а прибыль добрать на второй. Умные бизнесмены называют это «убыточный лидер». Например, ты можешь дать сумасшедшую скидку для «первых» на программу планирования питания, чтобы привлечь толпы новых клиентов, при условии, что они платят полную цену за курс приготовления еды. Другими словами, используй бешеные скидки для «первых», чтобы *привлекать* лиды, а прибыль делай на апселле. Это часто работает лучше, чем средние цены или банальные 25% скидки.

Если клиент хочет уйти из программы, напомни ему, что он потеряет скидку. Это может остановить часть клиентов от ухода.

Если клиент хочет вернуться после отмены Пожизненной Скидки. Во-первых, не возвращай её назад, иначе потеряешь доверие у всех остальных. Во-вторых, предложи ему даунселл по той же цене, но с другими функциями. По моему опыту, это лучше всего работает с людьми, которые чувствительны к цене.

Чем Больше Голова, Тем Длиннее Хвост

Бонус: Апселл можно встроить прямо в оффер. Как только клиенту нравится продукт, предлагай первоначальный оффер заново. Если он доплатит разницу от первоначального взноса, то зафиксирует себе более низкие ежемесячные платежи. Можно также предложить зафиксировать эту низкую ставку навсегда. *«Если внесёшь XXX $, мы навсегда снизим твой ежемесячный платёж до X $ и оставим его таким на всю жизнь»*. Это даёт больше денег сразу и удерживает клиента гораздо дольше.

Когда меня обучал мой наставник Джон, король империи соляриев, он любил шутить: «Я просто хочу получить по одному доллару от каждого человека в мире». Джон построил огромную сеть недорогих соляриев по ежемесячной подписке в Южной Калифорнии. Он научил меня куче вещей про бизнес на подписках. Я очень благодарен ему за мудрость, которой он делился во время наших длинных поездок на машине. Один из самых ценных уроков я получил, когда он объяснял, как работают вступительные взносы. Я даже не знал, что такая штука существует.

«Угадай, какой абонемент продляют дольше всего?» спросил Джон, чтобы подвести базу под объяснение вступительных взносов.

«Самый дешёвый?», — предположил я, ожидая ответа.

«Тот, где они платят больше всего сразу», — ответил он, хитро улыбаясь.

Я не понял. Он увидел, что до меня не дошло, и продолжил: «Если я беру с человека вступительный взнос 100 $ и после этого снижаю ставку с 18 $ до 10 $/мес., то этого человека я никогда не потеряю. Они мне сами позвонят перед сменой карты, лишь бы сохранить низкую ставку. Получается, они просто «покупают» себе низкую ставку и из-за этого остаются в разы дольше. Чем больше ты заставишь людей заплатить сразу, тем дольше они будут оставаться».

Будучи немного тугодумом, я подумал… ага: *чем больше голова, тем длиннее хвост*, и записал заметку в телефон, чтобы не забыть. Именно тогда я понял силу вступительных взносов для удержания.

Ещё один способ провернуть эту же идею — это отменять дорогой вступительный взнос, если клиент берёт более длинную подписку. Пример: «У тебя два варианта: либо платишь 100 $ сегодня и потом по 10 $/мес. помесячно, при этом можешь отменить в любой момент, *либо* начинаешь сегодня за 10 $/мес., но подписываешь годовой контракт. Если вписываешься на год, я не беру с тебя вступительный взнос в 100 $».

Это может показаться противоречащим предыдущему пункту, потому что ты можешь подумать, что все просто возьмут вариант подешевле и сэкономят 100 $, но подожди… Если они всё-таки попробуют, и вдруг захотят отменить до конца срока договора, ты говоришь: «Без проблем. Просто переведём тебя на помесячный план. Доплатишь только входной взнос в 100 $, который мы тебе простили, и сразу переключим». Получается, благодаря этой большой «голове» ты получаешь гораздо более длинный «хвост», потому что многие предпочтут досидеть до конца договора, чем платить большой вступительный взнос.

Причина, по которой люди остаются дольше, если заплатили больше сразу, это психологический эффект под названием «ошибка невозвратных затрат». Люди продолжают вкладываться в решение, в которое уже вложили время или деньги, даже если оно больше не имеет смысла. Ты слышишь это в фразах типа «мы уже столько прошли», «мы уже столько времени потратили» или «давай уж добьём до конца».

Этот психологический принцип очень опасен. Если ты не замечаешь его в себе, ты подвергаешь себя гораздо большему риску, чем нужно, и будешь держаться за вещи гораздо дольше, чем следовало бы (просто, потому что уже влез). Это касается партнёрств, подписок, инвестиций, азартных игр и кучи всего остального.

Так что техника «брать больше денег сразу» использует этот психологический перекос на полную мощность. Но вступительные взносы работают не только на этом предубеждении, они бьют сразу по нескольким направлениям. Давай покажу тебе другой пример.

Чем больше ты берёшь сразу по сравнению с плановыми платежами, тем выше шанс, что клиент доплатит всё до конца. Если я беру 1 000 $ сегодня плюс пять платежей по 100 $, эти пять платежей я почти наверняка получу. А если я попрошу по 100 $ в месяц пять раз и 1 000 $ в конце, то последний платёж с большой вероятностью мне не заплатят. Мы учитываем этот риск, когда берём больше сразу, создавая скидку за полную оплату или повышая цену отмены скидки и напоминая, сколько денег они потеряют (то, что заплатили сразу) и насколько дороже им будет вернуться. Мы хотим напоминать об этом максимально близко к моменту покупки или отмены. *(Пример при отмене: «Конечно, можем отменить. Только напомню, что ты уже заплатил 1 000 $ сразу, и они сгорят, плюс цена вернётся к полной. Продолжить?»)*

Резюме

Знай свои цифры. Сохраняй маржу. Делай убойный продукт. Если ты это умеешь, клиенты с пожизненными скидками сами побегут к тебе толпами и будут масштабировать твой бизнес с прибылью.

- Пожизненные скидки увеличивают удержание, потому что при уходе клиент теряет свою скидку.

- Оффер с Пожизненной Скидкой делает продукт или услугу дешевле, *пока клиент платит регулярно по подписке.*

- Добавляй ограничение по времени и количеству, чтобы Оффер с Пожизненной Скидкой (или любой другой оффер) стал ещё мощнее.

- Используй жизненные события (плохие и хорошие) как повод дать Пожизненную Скидку.

- Если даёшь Пожизненную Скидку, то у тебя должна быть выше розничная цена.

- Пожизненную Скидку можно показывать тремя способами: в % или в сумме от розничной цены, или фиксированной ценой.

- Убедись, что после скидки у тебя остаётся хорошая пожизненная валовая прибыль (LTGP).

- Этот оффер разгоняет сарафан, потому что сумасшедшие скидки на крутой продукт разлетаются среди людей мгновенно.

Оффер-Подписка: Скидка + Разовый Платёж

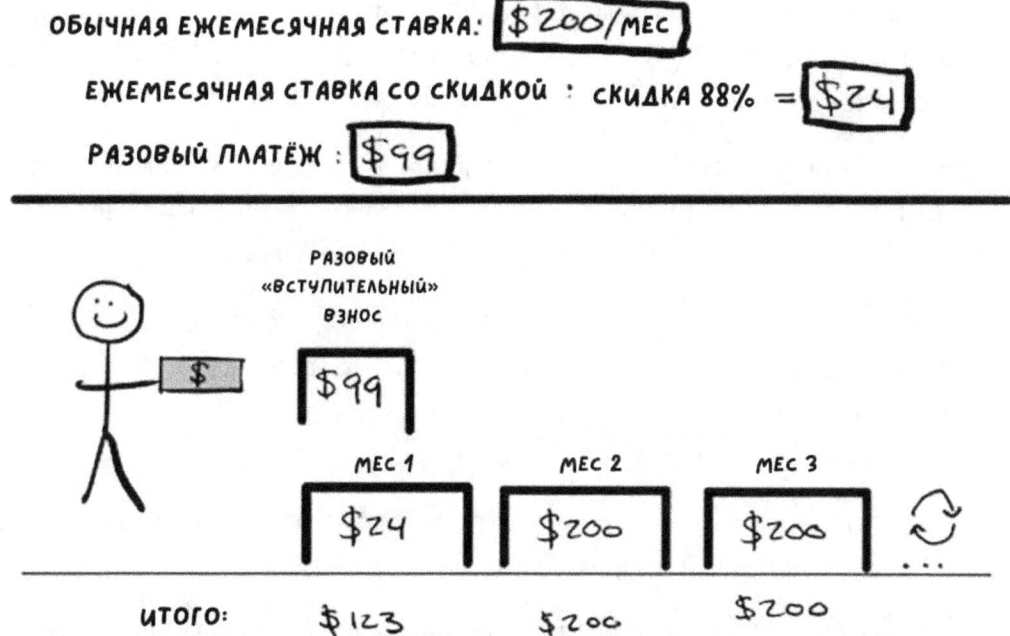

ОБЫЧНАЯ ЕЖЕМЕСЯЧНАЯ СТАВКА: $200/МЕС

ЕЖЕМЕСЯЧНАЯ СТАВКА СО СКИДКОЙ : СКИДКА 88% = $24

РАЗОВЫЙ ПЛАТЁЖ : $99

РАЗОВЫЙ «ВСТУПИТЕЛЬНЫЙ» ВЗНОС

$99

	МЕС 1	МЕС 2	МЕС 3	
	$24	$200	$200	...
ИТОГО:	$123	$200	$200	

ОФФЕР: ПРЕДЛОЖИ СКИДКУ X % НА ОСНОВНУЮ УСЛУГУ, А ЗАТЕМ ОБЪЯСНИ РАЗОВЫЙ ПЛАТЕЖ. «МЫ ДЕЛАЕМ ЭТО, ПОТОМУ ЧТО ТЕБЕ ПОНАДОБИТСЯ БОЛЬШЕ ВНИМАНИЯ С НАШЕЙ СТОРОНЫ НА НАЧАЛЬНОМ ЭТАПЕ, НО ПОСЛЕ ТОГО, КАК ТЫ ПОЙМЁШЬ, КАК ВСЕ РАБОТАЕТ, ТЫ БОЛЬШЕ НЕ БУДЕШЬ НУЖДАТЬСЯ В НАС, ПОЭТОМУ ТЕБЕ НУЖНО ЗАПЛАТИТЬ ТОЛЬКО ОДИН РАЗ».

ЦЕЛЬ:

1) ОКУПИТЬ СТОИМОСТЬ ПРИВЛЕЧЕНИЯ КЛИЕНТА

2) ВЫПЛАТИТЬ КОМИССИЮ ПРОДАВЦУ

3) ПОВЫСИТЬ ЛОЯЛЬНОСТЬ КЛИЕНТА

4) ПОКРЫТЬ БОЛЕЕ ВЫСОКИЕ ЗАТРАТЫ НА «ОНБОРДИНГ» НОВОГО КЛИЕНТА

Весна 2015 года.

Я вышел через главную дверь своего тренажёрного зала в Ла-Хабра. Солнце жарило чёрный асфальт на пустой парковке. Был полдень, до вечернего наплыва оставалось ещё несколько часов. Не успел я сделать шаг к машине, как ко мне быстро подошёл один мужик, появившись из ниоткуда.

«Эй..., это ты хозяин?»

Я немного опешил, но ответил: «Да».

Не успел я спросить, что ему нужно, как он сразу начал говорить…

«Меня зовут Оуэн. Я менеджер по персональным тренировкам в одном тренажёрном зале на другом конце города, но проблема в том, что он только что закрылся. У меня есть несколько тренеров, которым просто нужно место, чтобы продавать свои пакеты персоналок. Мы делаем на них около 100 000 $ в месяц. Нам нужен только тренажёрный зал».

«Ну мы тут персоналки особо не предлагаем», сказал я, слегка привирая, потому что мне не очень понравился его вайб. Он не выглядел особо вменяемым. И я начал поворачиваться боком, показывая, что мне это не интересно, и пошёл к машине.

Он понял, что нужно менять подход. «Обещаю, мы полностью самостоятельная команда. Я видел через окно, что у вас куча пустого пространства, даже когда идут занятия. Мы просто поможем вам монетизировать эту зону. Для вас бесплатно. Просто чистые деньги с воздуха».

«Это будет стоить мне времени и внимания», парировал я, «а главное, репутации, которую я наработал с своими клиентами».

«Нет-нет-нет. Мы даже не будем трогать ваших клиентов, если не хотите. Мы сами приведём лидов и продадим им. Только дайте им первый месяц со скидкой. А вступительный взнос мы возьмём сами и отдадим моему продавцу как комиссию. Сколько он закроет, столько и его. Так и работаем. Для вас ноль затрат».

«Я подумаю…».

В итоге, подумал и решил, что не хочу чужих тренеров и продавцов, которых я не проверял, болтающихся по моему тренажёрному залу и представляющих мою компанию. Но структуру оффера я запомнил. Скидка *плюс* разовый платеж. Он явно имел успех, в этом я не сомневался. Я впервые услышал такую модель монетизации. Она привлекала клиентов скидкой и сразу окупала комиссию продавца и затраты на привлечение через разовый взнос. Вот как это работает.

Описание

Ты даёшь сниженную ставку на первый период или срок услуги, а потом берёшь один или несколько дополнительных взносов, которые просто «придумал», как в структуре «бесплатно + взнос». Можно отменять одни и брать другие, отменять все или брать все. Это даёт кучу гибкости в оффере в зависимости от умения продавца. Такой оффер реже шокирует людей, потому что они уже пришли готовыми платить хоть что-то, и в этом одно из главных преимуществ скидок над бесплатными офферами.

Примеры

Любая Регулярная Услуга

Оффер: 95% скидки на первый месяц / 1 900 $ скидки на первый месяц / Первый месяц за 100 $

Монетизация: Клиент приходит на первый месяц за 100 $, но платит ещё 1 900 $ вступительного взноса. В итоге с первого месяца платит 2 000 $ и сразу переходит на регулярные платежи. По сути, ты получил 2 000 $ в первый месяц и дальше получаешь ежемесячные платежи.

Любая Услуга или Программа с Фиксированным Сроком

Оффер: 88% скидки на первый месяц (продажа 12-недельной программы за 3 000 $)

Монетизация: Говоришь, что это стоит 1 000 $ в месяц на три месяца, но первый месяц со скидкой 88% (120 $) плюс вступительный взнос 1 000 $. Клиент платит 1 120 $ в первый месяц, потом ещё два платежа по 1 000 $.

Детали

Чем выше разовый стартовый взнос, тем ниже отток. Чем выше барьер входа, тем, соответственно, и выше барьер выхода.

Джон рассказывал, что когда в его империи соляриев вступительный взнос был 100 $ при абонементе 10 $/мес., отток таких клиентов был почти нулевым, а те, кто платил 19 $/мес. сразу и потом по 19 $/мес., уходили гораздо чаще.

Это значит, что «придуманные» взносы, ты можешь использовать, чтобы активно снижать отток и повышать вовлечённость клиента. Это помогает и клиентам, и тебе в долгосрочном плане. Выигрывают все. Когда люди платят, они уделяют внимание.

Это *особенно* важно для услуг, где от клиента требуется что-то делать. Например, присылать тебе информацию, заполнять формы, приходить в определённое время, делать выбор, менять поведение и так далее. Если тебе нужно, чтобы человек что-то делал для достижения успеха, чаще всего, имеет смысл взять разовый стартовый взнос любого вида, чтобы он сразу вложился надолго.

Можно даже делать огромную разницу между стартовым и регулярным платежом. Мой хороший друг, который ведёт многомиллионный онлайн-бизнес по похудению, берёт 5 000 $ на старте и всего 267 $/мес потом. Средний клиент у него держится больше двух лет (сравни с обычными фитнес-клиентами, которые уходят через четыре месяца). Эта большая сумма, внесенная сразу заставляет клиента вложиться в процесс, и уход становится почти безумием.

И да, ты угадал. Если уходят и хотят вернуться, платят вступительный взнос заново. Это держит людей в программе, особенно когда им самим нужно что-то делать, чтобы получить обещанный результат (какой бы он ни был).

Важно: Будь предельно понятен с причиной разового взноса, даже если она придумана. Это не должна быть какая-то ерунда. Это то, что ты будешь объяснять каждому клиенту. Сделай это максимально понятным, что сможешь прямо сказать, за что именно они платят.

Вот четыре шага, чтобы создать разовый вступительный взнос:

1) Придумай название взноса

2) Придумай сумму взноса

3) Придумай «почему» этот взнос нужен

4) Начинай брать его, давать скидку на него или отменять его

Резюме

Этот приём невероятно гибкий, его можно использовать почти в любом бизнесе. Большая скидка привлекает кучу внимания, а взносы, внесенные сразу окупают затраты на маркетинг и продажи. Работает идеально как в регулярных программах, так и в программах с заранее установленной датой окончания. И в целом, чем больше разовый взнос на старте, тем выше удержание. Ты не только зарабатываешь на фронтенде, но и резко поднимаешь пожизненную ценность клиента. Такие взносы стоит придумывать, даже если ты не планируешь эту структуру монетизации. Они дают дополнительные потоки денег. Ты и так делаешь кучу работы как владелец, так что бери за неё деньги. Отмена «придуманных» взносов даёт тебе больше благодарности со стороны клиента, чем простой бесплатный онбординг. А ещё их можно оставлять на усмотрение продажника, чтобы он дожимал сделку с тем, кто ещё сомневается. Использовать можно неограниченно.

РАЗДЕЛ D: РАСШИРЕННАЯ ГЛАВА ПРО СОТРУДНИКОВ

«Если хочешь идти быстро — иди один. Если хочешь идти далеко — иди вместе».
- Африканская пословица

Примечание автора**: *Очевидно, что в моей книге «$100МЛН Лиды» есть глава про сотрудников. Я вырезал больше половины, потому что она стала слишком длинной и начала залезать в операционную деятельность. Но теперь ты можешь изучить эти схемы. Они помогли мне эффективно передавать навыки команде, а именно это тебе и нужно, чтобы в итоге масштабироваться.*

Июнь 2021 года.

Новый директор по продажам влез в разговор: «Да, я знаю, что мы опять не дотянули до цели, но менять ничего не надо, в этом квартале мы точно это сделаем».

Глаза всех забегали по комнате, но никто не смотрел на меня. Тишина затянулась, ассистент уже отметил тему закрытой и пошёл дальше. Неудивительно, что цель по холодным лидам, мы провалили второй квартал подряд. Никто с этим не спорил… *И что, теперь мы просто надеемся, что в третий раз нам повезёт?*

«Стоп», — сказал я. Теперь *все* посмотрели на меня. «Я хочу понять, почему мы два квартала подряд не выполняем план. Мы умеем продавать, значит, если мы хотим больше продаж на холодных лидах, нужно просто *делать* больше продаж на холодном трафике. В чём проблема?»

«У нас каждые четыре недели уходит один продажник», — сказал директор по продажам. *Ага.*

«Ок… Почему такой высокий отток?»

«Я сам об этом думаю, но HR говорит, что наши показатели даже ниже среднего по отрасли для этой позиции». Он продолжил: «Но пока мы нанимаем и обучаем одного, другой уже уходит».

Я увидел, как HR директор кивает в знак согласия. *Становится теплее.*

«Ок, проблема в найме», — сказал я. «Как выглядит ситуация с наймом?»

«Мы берём одного из четырёх кандидатов, которых HR нам присылает».

«То есть, если они уходят так же быстро, как мы их нанимаем, а ты берёшь только одного из четырёх, значит, к тебе приходит примерно один кандидат в неделю?»

«Да, примерно так». *Почти докопались.*

«Понял». Теперь я посмотрел на HR директора. «Как выглядит первый отбор кандидатов?»

«Мы получаем плюс-минус одного квалифицированного кандидата на десять отборочных интервью-собеседований», — сказала она.

«То есть нужно *сорок* собеседований, чтобы взять одного низко-квалифицированного продажника?»

«Получается так». *Бинго.*

«Ладно, нужно менять подход» — сказал я. «Наше узкое «бутылочное» горлышко на первых собеседованиях. Начинайте интервьюировать группами и отсеивать странных людей сразу. Всех остальных с нормальной трудовой этикой и базовыми социальными навыками передавайте в отдел продаж. Остальному мы научим по ходу. Согласны?» Команда кивнула.

За шесть недель найм новых менеджеров по продажам, обогнал их отток. Продажи на холодном трафике выросли ровно в том же объёме. К концу квартала продажи на холодную удвоились и составили больше половины всех наших продаж.

Проблема была не в методе продаж на холодном трафике, не в навыках и не в оффере. Просто у нас не хватало людей, которые этим *занимались.*

***

Если ты используешь методы из книги «*$100МЛН Лиды*», к тебе потекут более вовлечённые лиды. Больше вовлечённых лидов значит больше клиентов. Но по мере роста растёт и объём работы. В какой-то момент её станет слишком много для одного человека. И решить проблему «слишком много работы для одного» можно только единственным способом — это нанять больше людей. Короче, чтобы рекламировать больше, тебе понадобится больше работников. Эта глава покажет, как работают сотрудники, почему они делают тебя богатым, как их находить и мой метод превращать их в лидогенераторов.

Как Работают Сотрудники

Сотрудники по привлечению лидов — это люди в твоём бизнесе, которых ты обучаешь добывать лиды. Они это делают ровно точно так же, как ты сам искал и закрывал лидов в начале своей деятельности. Они могут запускать рекламу, создавать и постить контент, связываться с лидами. Но они будут делать только то, *чему ты их обучишь*. И настолько качественно, насколько твое обучение эффективно. Поэтому, чем больше у тебя таких сотрудников, тем больше вовлечённых лидов ты можешь получить для своего бизнеса. Это также значит меньше работы, которую тебе приходится делать самому, чтобы получать лидов. Больше лидов и меньше работы? Запишите меня! Но подожди… Не так быстро…

Не пойми меня неправильно, найм сотрудников, конечно, требует от тебя времени и сил. Просто гораздо меньших, чем если бы ты делал всё сам. По моему опыту, когда ты меняешь сорок часов выполнения на четыре часа управления, ты сразу высвобождаешь тридцать шесть часов. Круто. И лучшее в том, что такой обмен можно делать снова и снова. Ты можешь обменять 200 часов работы в неделю на 20 часов управления. Потом обменяй эти двадцать часов управления на менеджера, который стоит тебе всего четыре часа в неделю. В итоге остаётся четыре часа твоей работы за 200 часов привлечения лидов. Бум.

<u>Вывод</u>: Сотрудники создают полностью работающее предприятие, которое растёт *без тебя*.

Почему Сотрудники Делают Тебя Богатым

Чтобы твой бизнес работал без тебя, им должны управлять другие люди.

Сценарий №1: Представь, у тебя бизнес с выручкой 5 000 000 $ в год и прибылью 2 000 000 $. Чтобы получить эту прибыль, ты пашешь круглые сутки. По сути, у тебя очень высокооплачиваемая работа. Допустим, тебя устраивает работать без выходных и знать, что если ты уедешь в отпуск, то твой бизнес рухнет. Отпуск для лузеров (шучу… ну почти…). Но есть ещё один важный момент…

Да, ты зарабатываешь хорошие деньги, но такой бизнес почти *ничего не стоит*. Если твой бизнес получает прибыль только пока ты сам в нём работаешь, то он *никому не интересен как инвестиция*. Сейчас это может казаться неважным, но давай рассмотрим альтернативу.

Сценарий №2: Твой бизнес делает те же 5 000 000 $ выручки и 2 000 000 $ прибыли. Но есть одно огромное отличие — *бизнес работает без тебя*. Это даёт две крутые вещи. Во-первых, превращает рискованную работу в ценный актив. Во-вторых, делает тебя *гораздо* богаче и вот как.

Сначала ты возвращаешь своё время и можешь вложить его в бизнес, купить другие бизнесы или наконец-то уехать в этот чёртов отпуск. А потом, ты становишься гораздо богаче, потому что теперь бизнес — *это хорошая инвестиция для кого-то ещё*. Ты превратил *пассив*, который полностью зависит от тебя, в *актив* на который ты можешь рассчитывать.

Если у тебя есть актив, который делает миллионы долларов *без тебя*, значит, кто-то другой тоже может использовать его, чтобы делать миллионы *без личного вовлечения* в бизнес. Другими словами, твой бизнес теперь *хорошая инвестиция*. Тогда инвесторы, ищущие такие активы (например, Acquisition.com), купят его часть или целиком. Теперь твои 2 000 000 $ прибыли в год (особенно если твой бизнес растёт), легко могут стоить больше 10 000 000 $ *прямо сейчас*. В итоге твой бизнес из пассива с почти *нулевой* стоимостью, превратился в актив на 10 000 000 $.

Ты становишься богатым благодаря тому, что создаёшь. А по-настоящему обеспеченным становишься благодаря тому, чем владеешь. И мне понадобилось несколько лет, чтобы это осознать, потому что совсем недавно…

Всё, Что Я Думал о Сотрудниках, Было Неправдой

Ты слышал такое…

Если хочешь, чтобы было сделано правильно, сделай сам.

Никто не сделает это как могу сделать я.

Меня никто не заменит.

Я слышал. Я говорил всё это. Я жил согласно этим принципам. В течение многих лет каждый раз, когда я нанимал кого-то, я сравнивал то, что могут сделать они, с тем, что могу сделать я. В моей голове это звучало как — «я против них». И чтобы доказать самому себе, что я «круче», я соревновался со своей же командой! И это моё убеждение, этот способ «руководить» людьми никогда не позволял мне получать много денег.

Эти фразы: «никто не сделает лучше меня» и «если хочешь сделать как следует, сделай сам» — не бизнес-факты, а обычная ложь. Кто-то делал уже похожее до тебя, и кто-то продолжит делать это после тебя. *Каждый* в той или иной степени заменим: людьми, группой людей, технологиями или просто с течением времени. Мой совет — замени себя как можно быстрее, тогда ты освободишься и станешь полезен где-то ещё. Это поняли многие. Сможешь понять и ты.

В первые дни, когда я начинал бизнес, я всегда мог сделать всё лучше, чем те люди, которых я нанимал. Моя команда обычно выглядела как сборище разношёрстных чудаков, которые могли *более-менее* делать что-то *одно* из кучи вещей, которые умел делать я. На старте это помогло мне запустить бизнес, но в итоге, я попал в ментальную ловушку, что «я лучше всех». Я метался между злорадством (что я лучше их) и нытьём (потому что они хуже меня). И почему-то мне ни разу не пришло в голову, что это *именно я* их нанял и обучил. Кого я обманывал? А реальность была такова. Во-первых, у меня не было навыков правильно обучать и управлять командой. Во-вторых, я был слишком бедным, а потом (когда появились деньги) слишком жадным, чтобы нанимать кого-то получше. Другими словами, это была полностью <u>моя</u> вина, что они оказались отстойными. Упс.

Чем больше я пытался переплюнуть своих сотрудников, тем больше отвлекался, и тем хуже становился мой бизнес. Да, возможно я и мог делать *что-то* лучше *любого* из них. Но... я не мог делать *всё* сразу лучше всех вместе взятых. Когда я это наконец осознал, я изменил свои убеждения о персонале:

Если хочешь, чтобы было сделано правильно, найди человека, который будет заниматься только этим.

Если я могу это сделать, то кто-то другой сможет делать это лучше.

Каждый заменим, особенно я.

Эти новые убеждения о персонале не только создали гораздо более здоровую культуру в моих бизнесах, но и принесли очень прибыльные побочные эффекты. Доверие к сотрудникам, что они справятся, сделало моё время и внимание гораздо ценнее. Если кто-то другой может это сделать, зачем я буду этим заниматься? Если кто-то другой может их обучить, зачем мне за это браться? Если я могу изучать что-то другое, чтобы масштабировать свой бизнес, пока команда держит оборону, то это имеет гораздо больше смысла. Так давай именно так и сделаем.

Как Работает Найм Сотрудников: Пять Стадий

Лид проходит пять стадий, прежде чем стать клиентом. Каждая стадия — это реакция на то, что делает твой бизнес. Значит то, как ты ведёшь бизнес, будет превращать лидов в клиентов или нет. И это хорошо. Лучше пусть они станут твоими клиентами, чем кого-то другого!

Стадии трансформации лида в клиента:

Незнающий → Знающий → Вовлечённый → Квалифицированный → Купивший

ЭТАПЫ ТРАНСФОРМАЦИИ ЛИДА

Пройдёмся по каждой:

1) Лиды в начале ничего о нас не знают, по сути, они даже не лиды. Ты ещё ничего не сделал, на что они могли бы отреагировать.

   Действие: Рекламируешься.

2) Лиды переходят из «незнающих» в «знающих», после того как ты привлек их внимание.

   Следующее действие: Предлагаешь лид-магнит или оффер-приманку.

3) Лиды переходят из «знающих» в «вовлечённых», когда проявляют интерес к лид-магниту или офферу-приманке.

 <u>Следующее действие</u>: Квалифицируешь их через контент, узнаёшь их проблемы и желания.

4) Лиды переходят из «вовлечённых» в «квалифицированных», если у них есть проблема, желание её решить и деньги на твое решение.

 <u>Следующее действие</u>: Делаешь оффер и продаёшь свое решение.

5) Лиды переходят из «квалифицированных» в «купивших», когда они тебе заплатили деньги. То есть теперь они стали клиентами.

Если ты удивляешься, почему я рассказываю про стадии «превращения лида в клиента» именно сейчас (почти в конце книги), это потому, что именно сейчас *это тебе даст максимальную ценность*. Я годами мучился, пытаясь построить нормальные команды для своих бизнесов. Либо хватал первого попавшегося кандидата и сразу бросал его в работу без подготовки. Либо скрещивал пальцы и ждал, что один из моих лучших клиентов вдруг скажет: «Хочу работать у вас». Конечно, это помогло мне (и поможет тебе) начать бизнес на старте. Но до чётко отлаженной машины по лидогенерации на $100МЛН было как до луны. Когда это наконец дошло до меня, я кое-что понял…

Найм новых сотрудников — это то же самое, что и получение новых клиентов. Просто это написано другими словами. Это взорвало мне мозг, когда я это понял. И как только я начал смотреть на это именно так, проблемы с наймом практически исчезли сами собой. Давай разберём это вместе.

ЭТАПЫ НАЙМА СОТРУДНИКОВ

НЕЗНАКОМЕЦ ⟶ СОТРУДНИК

	НЕЗНАЮЩИЙ	ЗНАЮЩИЙ	ВОВЛЕЧЁННЫЙ	ПРОСОБЕСЕДОВАННЫЙ	НАНЯТЫЙ
ДЕЙСТВИЕ	НЕТ АКТИВНОСТИ	РЕКЛАМА	ПРИМАНКА ОФФЕР!	ПРОГРЕВ ? ↗ ✗ ↘ ✓	РАБОЧИЙ КОНТРАКТ ? → $
РЕАКЦИЯ	НЕВЕДЕНИЕ	ВИДИТ / СЛЫШИТ	ВОВЛЕЧЕН	КВАЛИФИКАЦИРОВАН	СОГЛАСЕН $ →

Сопоставь действия по привлечению сотрудников и клиентов, они идеально ложатся друг на друга, как перчатки.

Подумай так — у тебя два типа клиентов. Те, кто платит тебе — это твои клиенты. И те, кому платишь ты — это твои сотрудники.

Причина этому очень банальна. И те и другие — это просто люди. Процесс привлечения внимания всегда одинаковый. Процесс помощи в принятии решения тоже одинаковый. *Я просто использовал разные слова для одного и того же.*

Как Получать Сотрудников: Внутренняя Основная Четвёрка

Помнишь Основную Четвёрку (тёплые контакты, холодные контакты, платная реклама, бесплатный контент) из книги «$100МЛН Лиды»? Она работает и для найма сотрудников. Представь себе. Просто меняешь фокус с «рассказать потенциальным клиентам о своём продукте» на «рассказать потенциальным сотрудникам о своём продукте» — и ты *сразу* получаешь инструмент, который ты уже умеешь использовать. А у кого-то есть обратная проблема: они круто нанимают людей, но не могут привлечь клиентов. *Это такие же люди, которым ты просто рассказываешь о своём продукте.* Делай то же самое!

Это точно то же самое! Круто, правда?

<u>Клиенты</u> → <u>Сотрудники</u>

Тёплые контакты → Спрашиваешь знакомых	Рефералы от клиентов → Рефералы от сотрудников
Холодные контакты → Найм персонала	Аффилиаты → Ассоциации, гильдии, и т. д.
Постинг контента → Публикация вакансий	Агентства → Кадровые агентства и т. д.
Платная реклама → Продвижение вакансий	Сотрудники → Сотрудники (не меняется)

Способы привлекать кандидатов и тех, кто их приводит, полностью совпадают со способами привлекать клиентов и тех, кто приводит клиентов. Поэтому, когда тебе нужны новые талантливые люди, то просто давай рекламу. Если нужно больше, то делай больше. И точно так же, как ты создаёшь надёжный процесс привлечения клиентов, ты можешь создать надёжный процесс привлечения сотрудников.

Как Заставить Сотрудников Добывать Тебе Лидов

Вот ты нанял человека, который стоит тебе кучу денег каждый месяц. Отлично. Давай сделаем так, чтобы он окупился, *и как можно быстрее.*

Некоторые кандидаты уже умеют добывать лидов. Такие люди — это золото. Но они стоят дороже. Если ты только начинаешь, то скорее всего их не потянешь. Поэтому следующий лучший вариант для тебя — это обучить их самому. К счастью, у тебя под рукой есть целая книга по лидогенерации (*«$100МЛН Лиды»*). Теперь тебе необходимо обучить сотрудников тому, как именно ты сейчас выполняешь действия по привлечению лидов. Я всегда использую для обучения ментальную модель 3Д: *Документировать, Демонстрировать, Дублировать.* Вот как это работает.

Шаг Первый — Документировать: <u>*Ты составляешь чек-лист*</u>. Ты сам уже знаешь, как делать эту процесс. Теперь просто запиши шаги точно так, как ты их выполняешь. Можно попросить кого-то из знакомых посмотреть, что и как ты делаешь, и всё подробно записать. Ещё лучше, если запишешь на видео себя и экран, делая это разными способами и на разных проектах. Так ты сможешь *посмотреть* на себя со стороны, не прерывая рабочий процесс мыслями о записи. Когда всё внесено в чек-лист, то возьми его и попробуй сделать по нему новую задачу, при этом выполняй только строго по написанным шагам. Получилось ли у тебя сделать работу на «5+», следуя *только твоим* же инструкциям *«слово в слово»?* Если да, то у тебя готов <u>первый черновик</u> чек-листа для этой должности.

Шаг Второй — Демонстрировать: *Ты делаешь это на их глазах*. Точно так же, как владелец агентства учил меня запускать рекламу в Facebook. Ты садишься и проходишь с ними чек-лист шаг за шагом. Это может занять много времени, всё зависит от количества шагов и способностей кандидатов. Если они тебя останавливают или тормозят, чтобы что-то понять, сразу вноси правки в чек-лист, потому что это сложно или не ясно расписано. Теперь у тебя готов <u>второй черновик</u>, по которому они могут попробовать сделать самостоятельно.

Шаг Третий — Дублировать: *Они делают это на твоих глазах*. Теперь очередь за ними. Они следуют тому же чек-листу, по которому шёл ты. Только теперь они выполняют, а ты наблюдаешь. Нам нужно, чтобы они просто *повторили* то, что делал ты. Если чек-лист правильный, результат будет точно таким же. Если чек-лист кривой — ты это сразу увидишь! Правь чек-лист, пока он не станет идеальным. Потом пусть они работают по нему, до тех пока не сделают всё правильно. И как только они сделали на отлично, то у тебя теперь «на зарплате» настоящий генератор лидов. Поздравляю!

После того как ты обучишь первых нескольких сотрудников по этой схеме, все шероховатости для этой должности будут вычищены, и дальше обучение пойдёт как по маслу (по крайней мере, сама часть обучения). Подумай вот о чём, если завтра ты исчезнешь, сможет ли совершенно посторонний человек получить твои же результаты, просто следуя твоему чек-листу? Вот к такому уровню ясности и нужно стремиться.

<u>Полезные заметки по обучению:</u>

- Полезный взгляд на такой стиль обучения: *Если они ошибаются или путаются, значит именно мы их запутали.* Если приходится по несколько раз объяснять, что означает какой-то шаг, то значит этот шаг слишком сложный. Или, что вероятнее, мы запихнули в один шаг сразу несколько.

- Если они «понимают» только после длинного объяснения или нескольких демонстраций, то мы снова исправляем чек-лист. Владельцы бизнеса, которые игнорируют это, вечно мучаются с обучением. И совет на будущее: ты, конечно, можешь заставить работать кривой чек-лист, но, когда обучение перейдёт к кому-то другому, это превратится в *адский кошмар*.

- Есть разница между компетенцией и производительностью. Другими словами, сотрудники могут знать точно, что делать, но *пока у них мало опыта*. В этом случае твои инструкции в порядке, *им просто нужна практика*. Вот аналогия из фитнеса: «сначала медленно, потом плавно, потом быстро».

- *Фокусируйся на том, насколько сотрудник умеет следовать инструкциям, а не на том, правильный ли результат он получил.* Это суперважно, потому что, если ты обучаешь людей следовать инструкциям, то тогда они будут им следовать. И если они следуют инструкциям, а результат неправильный, *то значит, проблема в самих инструкциях.* Это хорошо. Над этим у тебя гораздо больше контроля.

- Каждый раз, когда они успешно выполняют шаг — *скажи им, что они всё сделали правильно.* Если они реагируют на похвалу, то обязательно похвали! Если они лажают, то это тоже нормально, для этого обучение и нужно. Не перехватывай у них управление, когда они ошибаются. Просто останови, отойди на шаг назад и дай попробовать снова. Быстрые циклы обратной связи *ускоряют* обучение.

- Если они *точно* следуют твоим инструкциям и всё равно получают неправильный результат, то всё равно похвали за то, что следовали инструкциям. Похвали, а потом сразу вноси правки в чек-лист.

- Избегай любых наказаний или штрафов за ошибки во время обучения. Правило простое: поощряй то, что хочешь видеть чаще, и они будут делать это чаще. Освоение нового навыка само по себе уже достаточно тяжело для людей, не нужно добавлять сверху ещё негатива.

- Если они делают неправильно сразу несколько шагов, исправляй по одному за раз. Давай обратную связь только по одному пункту. Напоминай и отрабатывай его, пока не сделают правильно. Потом переходи к следующему. Очень сложно менять сразу несколько вещей, *когда ты никогда этого раньше не делал.*

Как Заставить Сотрудников Продолжать Добывать Тебе Лидов

Они делают это самостоятельно, регулярно проверяя каждый шаг

Теперь, когда они знают, как это делать, нам нужно помочь им *продолжать* делать всё это правильно. Вот как я наладил это у себя. В зависимости от бизнеса я или мои менеджеры встречаемся от шести до одиннадцати раз в неделю с каждым сотрудником по привлечению лидов. Знаю, звучит безумно, но на самом деле это не так сложно, как кажется.

Я планирую одну встречу в неделю на 30–45 минут для коучинга, обратной связи и похвалы за успехи. Остальные — *это короткие групповые встречи, которые длятся всего несколько минут.* Мы называем их «ежедневные пятиминутки», которые есть у всех моих сотрудников по привлечению лидов. Одна в начале каждого дня, чтобы обсудить ожидания и цели. Потом одна в конце каждого дня, чтобы они отчитались по результатам. Я получаю возможность *ежедневно* хвалить и награждать их усилия. Это создаёт более быстрые циклы обратной связи для развития навыков *и* командной работы.

Если нужно, мы берём ещё пару минут, чтобы разобрать проблемы и ответить на вопросы, которые возникли во время рабочего дня. Если эти проблемы или вопросы повторяются, я добавляю их в чек-лист обучения для следующего нанимаемого сотрудника. Со временем ты можешь передать пятиминутки лидеру команды или менеджеру, а потом и индивидуальные встречи. Если производительность остаётся той же или улучшается, значит ты успешно обучил сотрудников. Ты сделал так, что они смогут кормить свои семьи всю оставшуюся жизнь. Я знаю немного (если вообще знаю) более благородных призваний.

Устранение неисправностей: Что делать, если они перестали выполнять свою работу хорошо? По моему опыту, производительность сотрудников падает по четырём причинам. Вот как мы их решаем.

1) **Коммуникация — Сотрудники не знают, ЧТО именно мы хотим, чтобы они делали.** Если сотрудник не знал, что мы хотим, чтобы он это сделал, значит, мы не дали ему понять, что хотим, чтобы это было сделано должным образом. Даже если нам кажется, что объяснили, их результат показывает обратное.

Имей в виду, что как только мы освоили навык, *нам нужно напоминать об этом чаще, чем учить.* Помни, что ты главный ответственный сотрудник с самого начала и всегда. В конце концов, это твой бизнес, и только ты всегда несёшь за всё ответственность. Поэтому, по сути, меняется только то, кому и о чём ты напоминаешь. Даже если тебе приходится напоминать кому-то, чтобы он напоминал другим!

Вот как звучит проблема коммуникации:

«Я не знал, что ты хотел, чтобы я это сделал».

«Я не знал, что ты хотел, чтобы я это сделал в первую очередь».

«У меня сейчас слишком много работы».

Не отмахивайся. Очень большой соблазн ткнуть пальцем в кого-то и сказать: «Как ты можешь не знать свою работу?!» Но мой бизнес сильно улучшился, когда я начал слушать, что мне говорят и показывать пальцем на себя. Поэтому если такая проблема возникает, я прошу их показать мне — где, когда и сколько они должны выполнять свои задачи. По сути, я заставляю их описать свою задачу заново. Если оказывается, что мы думаем и видим это по-разному, значит, мне нужно лучше им объяснить.

И ты удивишься, что иногда они всё ещё работают над той «главной» задачей, которую ты поставил… пару часов назад (ха-ха).

2) **Обучение — Сотрудники не знают, КАК это делать.** Предположим, они знают, *что* ты хочешь, чтобы они это делали, но забыли как или их никогда этому не обучали! Мы решаем это сильным начальным обучением (онбордингом) и регулярной практикой базовых вещей для поддержания и улучшения компетенции (ежедневные пятиминутки). Вот как звучит проблема обучения:

«Я не знаю, как это делать».

«Я не знал, что ты хотел, чтобы я делал именно так».

Точно так же, как с первым пунктом — не отмахивайся от таких фраз. Легко сказать: «Я же уже учил тебя, как это делать! Серьёзно?» Но на самом деле… а мы точно учили? Откуда мы *это* знаем?

Часто мы думаем, что чему-то научили, если спросили «ты понял?» и услышали «да». Но ещё чаще *люди просто приучены говорить «да» из страха сказать «нет».* Поэтому вместо того, чтобы спрашивать, понял ли он, а потом использовать это против него — просто попроси *показать.* Пусть продемонстрирует, как он делает по чек-листу, как это было на обучении. И относись к нему как к любому, кто учится впервые: с терпением, пониманием и быстрой полезной обратной связью.

3) **Мотивация — Сотрудники не ХОТЯТ это делать.** Предположим, они знают, что ты хочешь, чтобы они это делали, и знают как. Но всё равно могут не хотеть делать. Обычно люди не хотят делать что-то по трём главным причинам.

- «Награда» приходит в неправильное время, с неправильной частотой, с неправильной мотивацией или от неправильного источника

○ Их отвращение к самой работе, окружению, руководству, коллегам, клиентам

○ У них события или образ жизни вне работы убивают производительность

  • Положительный пример: рождение ребёнка, свадьба
  • Отрицательный пример: смерть в семье, разрыв/развод
  • Примеры образа жизни: недосып, слишком много алкоголя, болезнь, другие медицинские проблемы

Решение лежит в том, чтобы задавать вопросы с учётом этих трёх рычагов. Ты неправильно награждаешь? Если да — увеличь частоту, критерии или поменяй того, *кто* награждает. Есть что-то в рабочей среде, что демотивирует? Это может дать подсказки к системным проблемам. Или, чаще всего, есть что-то, что мы можем узнать, только спросив, что забирает их внимание вне работы? Поэтому задаём открытые вопросы и смотрим, чем они поделятся. Кроме искреннего желания помочь, иногда нужно просто дать людям возможность разобраться со своим дерьмом *за свой счёт, а не за твой.*

Полезный совет: Лучший вопрос для честной обратной связи

Если производительность сотрудника падает уже неделю-две, вот фраза, которую я стащил у Лейлы (как и большинство моих хороших идей). Используй её на следующей еженедельной встрече один на один:

«За последние (период времени) твоя (конкретная задача) изменилась по сравнению с нормой. Что, по-твоему, помешало и, как я могу помочь?»

Этот вопрос сразу переводит разговор в совместное решение проблемы, а не в обвинение человека. Используй, если нравится.

---

4) **Обстоятельства — Что-то им мешает.** Чувствую, нужно дать тебе быстрые примеры. К сожалению, это встречается чаще, чем кажется. Владельцы бизнеса (включая меня) часто ждут, что сотрудники решат проблемы, которые мы сами должны были предотвратить!

РАЗДЕЛ D: РАСШИРЕННАЯ ГЛАВА ПРО СОТРУДНИКОВ

- «Иди жарь бургеры» → «Не могу. Говядина кончилась».
- «Иди монтируй видео» → «Не могу. Интернет слишком медленный, файл не скачивается».
- «Иди звони» → «Не могу. Телефон сломался».

Понимай разницу между «придумывает отмазки» и «реальные проблемы». Если коммуникация, обучение и мотивация в порядке, то во всех трёх случаях *что-то* объективно мешает. Это самые лёгкие проблемы для исправления, но тебе нужно спросить, чтобы узнать об их существовании. И как бы глупо ни звучало то, что они скажут — *«никогда не стреляй в гонца»*.

Это «бриллиант производительности», которым я пользуюсь для диагностики проблем с результатами. Когда я подхожу к производительности с этой точки зрения, почти всегда выясняется, что проблема не в сотруднике, а в том, что где-то по пути накосячил я сам. Я говорю это потому, что в большинстве случаев и ты, и они хотите достичь успеха. Как только ты находишь настоящую причину, то исправь её, и производительность, почти наверняка, вырастет.

Теперь мы знаем, как нанимать сотрудников, и как сделать так, чтобы они постоянно занимались лидогенерацией. Остаётся один вопрос: насколько хорошо мы это делаем?

Как Считать Отдачу от Сотрудников по Привлечению Лидов

Если не считать расходы на платную рекламу, стоимость «продвижения» (исходящие контакты, контент и т. д.) через сотрудников почти полностью состоит из того, сколько ты им платишь за эту работу. Мы упрощаем расчёт, просто сравнивая, сколько денег уходит на зарплаты, с тем, сколько приносят лиды, которых они приводят:

- Общий фонд зарплаты / Общее количество вовлечённых лидов = Стоимость вовлечённого лида.

  Пример: 100 000 $ / 1 000 лидов = 100 $ за вовлечённый лид

- Если из 10 лидов один становится клиентом, то CAC = 1 000 $

  (100 $ за лид) × (10 лидов на клиента) = 1 000 $ CAC

- Если пожизненная валовая прибыль клиента (LTGP) = 4 000 $, то соотношение LTGP : CAC = 4:1

  (4 000 $ LTGP) / (1 000 $ CAC) = 4:1

Copyright © 2025 BUMBLE IP, LLC НЕ ДЛЯ РАСПРОСТРАНЕНИЯ   149

Например: на момент написания книги, в Acquisition.com я получаю около 30 000 «вовлечённых» лидов в месяц. Я не запускаю платную рекламу и не делаю исходящие коммуникации. Но моя команда, которая создаёт контент, генерирующий этот интерес у аудитории, стоит примерно 100 000 $ в месяц. Это значит, что каждый вовлечённый лид обходится мне примерно в 3,33 $ зарплатами (100 000 $ / 30 000 лидов). Мы зарабатываем гораздо больше 3,33 $ с одного лида, поэтому мы в плюсе. Ту же математику можно применять к любому методу привлечения лидов, который ты используешь.

Как Узнать, на Каких Сотрудниках Сфокусироваться, чтобы Максимизировать Отдачу

Как мы изучали в книге «*$100МЛН Лиды*» — если твоя стоимость привлечения клиента (CAC) не превышает больше чем в три раза среднее значение CAC по индустрии, ты уже молодец. Дальше ты просто увеличиваешь пожизненную валовую прибыль (LTGP).

Если твой CAC выше трёхкратного среднего значения по индустрии, то у тебя проблема либо в продажах, либо в рекламе. Это диагностируется одним простым вопросом:

У моих вовлечённых лидов есть проблема, которую я решаю, и деньги на её решение?

- Если ответ «нет», то лиды неквалифицированные, то есть проблема в рекламе.

- Если ответ «да», то они квалифицированные, и:

  ○ Они покупают, но лидов мало, значит проблема в рекламе

  ○ Они квалифицированные, но не покупают, значит проблема в продажах.

Не увольняй продажников, если проблема в рекламе. И точно так же не увольняй сотрудников по привлечению лидов, если проблема в продажах. Этот маленький вопрос поможет тебе понять, на ком и чём сфокусироваться.

В итоге тебе просто нужно собрать все *твои* затраты на привлечение клиента. И пока они хотя бы в три раза меньше пожизненной валовой прибыли, ты в отличной форме.

Заключение

Целью этой главы было *перевернуть твоё мышление*. Теперь твоя работа заключается в том, чтобы рекламировать *и* продавать это видение в своей компании. Ты продвигаешь его публично *и* внутри, как клиентам, так *и* сотрудникам. Это и есть твоя работа. Когда ты научишься её делать хорошо, тебя уже не остановить.

Я говорю это потому, что верю, что любого человека можно научить делать любые «приземлённые» задачи в любом бизнесе. Поэтому, кого *именно* ты наймешь не так важно, как то, как ты будешь обучать тех, кого выбрал.

Как я говорил ранее и повторю снова, чтобы успешно привлекать клиентов не нужно быть гением, я бы даже сказал, что это мешает. Среди успешных бизнесменов больше железных воинов, чем мозговитых умников. Запомни: дело не в мозгах, а в яйцах. И хотя некоторые рождаются гениями, *никто* не рождается с железной волей (все мы появляемся на свет плачущими младенцами). Всё это к тому, что иметь несгибаемый характер — это навык. А значит, *любой* может его прокачать, если *захочет* этому научиться. Если у тебя железная воля (а если ты предприниматель, то она у тебя именно такая), то ты быстро поймёшь, что получил её из своего жизненного опыта. Ты можешь передать этот опыт любому, кто захочет слушать. Тогда они «встанут тебе на плечи» и получат гораздо больше шансов преуспеть в жизни.

И ты по-настоящему никогда не узнаешь, на что человек способен, пока не обучишь его по-настоящему и не дашь реальный шанс проявить себя в деле. Плюс, на низовые позиции желающих всегда в избытке. Будь разборчивым только когда нанимаешь «дорогих» топов с зарплатой в сотни тысяч долларов в год.

На твоём текущем этапе тебе выгоднее нанимать и обучать любого, кто готов учиться. А <u>когда</u> ты находишь победителей (а с этой системой ты обязательно найдёшь), относись к ним хорошо, не выжимай досуха и давай то, что они заслужили.

В мире, где полно лидов для любого бизнеса, тебе нужны союзники. Именно сотрудники являются одними из самых мощных и преданных. Мы разобрали: как они делают тебя богатым, как они работают, как работает их найм, как их получать, как заставлять добывать лиды, как держать их в этом состоянии и как понимать, что ты всё делаешь круто. Как только ты построил систему, где люди успешно делают за тебя Основную Четвёрку лидогенарации, то тебе остаётся только одно. Делать больше.

Создатель или Менеджер

Как превращать время в деньги?

Примечание автора**: *Время — это единственный ресурс, который нам даётся. Люди, которые зарабатывают больше всего, умеют обменивать его с максимальной отдачей для себя. Я написал про то, как я управляю своим временем. Это очень простая схема. Именно так мы строим команды в Acquisition.com. Если ты тратишь своё время или управляешь людьми, которые это делают, то данная глава может стать одной из самых важных вещей, которые ты когда-либо прочтёшь. Отдельное спасибо Полу Грэму, который написал про эту концепцию 14 лет назад. Я использовал его заголовок для названия этой главы в знак уважения и дополнил его своим опытом.*

Разговор, который происходит прямо сейчас по всему миру...

«У тебя завтра утром есть время?»

Я смотрю в пустой календарь. Вроде бы могу впихнуть. Но я планировал утром нормально поработать над своим проектом.

«Эээ, да, есть окошки. Во сколько и как долго?»

«Больше часа не займёт... давай в 10 утра?»

***

«Привет, пишу, потому что нас познакомил Джон. Не хочешь встретиться на кофе на этой неделе?»

Я не думаю, что мне сейчас это нужно. Но не хочется показаться грубым.

«Да, думаю, найду время».

«Круто. Вот отличное место. [АДРЕС]. Давай там встретимся, скажем, в 14:00?»

«Да, нормально. До встречи».

Два Типа Календарей

Оба этих примера демонстрируют миллиарды похожих разговоров, которые происходят каждый день по всему миру. Чего ты не видишь, так это того, что для одного человека такой обмен обходится в десять раз дороже, чем для другого. Сейчас объясню.

Существует два совершенно разных способа управлять временем для двух совершенно разных типов работы и работников. Есть создатели. И есть менеджеры. Начну с того, который знаком большинству людей — менеджеров, потому что именно так большая часть мира управляет своим временем...

Менеджеры

Они делят время на маленькие блоки по 30–60 минут. Это даёт им от 10 до 20 частей рабочего времени в день. Каждый блок часто отличается от другого.

Их работа сильно зависит от встреч, на которых они управляют другими людьми. Они собирают данные и отчитываются по ним, убеждают, ведут, обучают, мотивируют и принимают другие решения. Они общаются с кучей разных людей и делают кучу разных задач весь день. У них довольно точное начало и конец рабочего дня. По сути, они работают до последней записи в календаре.

Для менеджеров пустой слот — это упущенная возможность. Поэтому они относятся ко времени как к деньгам. Пустой слот значит «свободно», чтобы забить его менеджерскими делами. Единственная реальная цена для них заключается в том, чтобы согласовать свой пустой слот с пустым слотом другого человека. И раз они «работают» на встречах, то заполненный слот делает обоих продуктивнее, но только на бумаге.

Их цель — использовать все части дня по максимуму, чтобы эффективно использовать свое время. И это нормально.

Создатели

Создатели, наоборот, составляют гораздо меньшую группу людей (и их становится всё меньше!). *Они реально создают вещи.* И они не могут «творить» в маленьких блоках по 30–60 минут. В зависимости от того, что они создают, им нужны очень большие части времени — полдня или целый день. Поэтому таких частей у них мало. Может быть один-два в день. И максимум 10–14 в неделю.

Снаружи работа часто выглядит похожей, особенно изо дня в день. У них постоянные понятные входы (например, нажатия клавиш), но переменные непредсказуемые выходы (они часто делают что-то новое каждый раз). Поэтому очень редко или почти никогда у них не бывает задачи, которую можно закончить за 30-минутный блок. Их дни обычно начинаются в одно время, но заканчиваются по-разному. Они работают «открыто до цели». Другими словами, они работают, <u>пока качество выхода на единицу времени не начинает падать</u>. Именно *их производительность* является определяющим фактором, когда заканчивается рабочий день. По сравнению с менеджерами, у них более ограниченное время работы, которое они могут посвятить работе, пока они не выгорают ментально. И на более длинном горизонте лучшие создатели переключаются между задачами только когда проект полностью готов. Поэтому их работа имеет относительно низкую срочность по сравнению с быстрым менеджером, но при этом может иметь максимальную важность.

И со стороны кажется, что бо́льшая часть их работы может вообще не выглядеть как работа. Впечатляющая доля времени уходит на «невидимый труд». Она тратится на то, *чтобы понять, как сделать «видимый труд»*. Они не решают проблемы, чтобы потом работать. Поиск самого решения и есть работа. Они могут застрять на 45 минут, а потом *бац*, приходит озарение. Иногда периоды без идей длятся днями. В моём случае на то, чтобы просто придумать оглавление для второй книги, ушло больше шести месяцев. *Это и есть работа создателя.* Это значит создавать то, чего никто раньше не создавал. По крайней мере, никто из тех, к кому у них есть доступ. А ещё это значит создавать так, как никто раньше не создавал. Иначе они бы делали что-то другое.

Из-за необходимости полного погружения в работу, для создателей переключение между задачами стоит огромных «денег». Встреча, даже короткая, разбивает большой отрезок времени на два маленьких, почти бесполезных слота для создателя. Целый рабочий блок… пфф… исчез. Например, встреча в 10 утра даже на 30 минут превращает большой утренний блок в два маленьких: 2 часа и 1,5 часа. Этого недостаточно, чтобы снова погрузиться в глубокую, потоковую работу создателя.

Когда в расписании что-то есть, то это ещё хуже, потому что они «страдают» от эффекта Зейгарника. Данный эффект говорит, что открытые петли мы запоминаем лучше, чем закрытые. Обычно это хорошо. Например, менеджерам это помогает держать в голове дела на день. Но для создателя это головная боль. Открытые петли и висящие задачи жрут внимание, разрушают погружение и убивают продуктивность создателя. Даже если встреча во второй половине дня, ты уже знаешь, что утренний временной блок нужно сократить. Ты вынужден следить, чтобы закончить вовремя. Не говоря уже о навязчивых мыслях, которые и так прерывают мыслительный процесс создателя. Так теперь *ещё* нужно регулярно смотреть на часы, что само по себе отвлекает от текущей работы. А в какой-то момент ты вообще начинаешь думать, что именно нужно будет обсудить на встрече, и это полностью выбивает создателя из текущего проекта.

Создатели делают работу **вне** встреч. <u>Для них пустой календарь означает полную продуктивность</u>. Для создателей, если только у них нет возможности работать в «бункере», проще работать, когда другие не работают (раннее утро и поздний вечер). Это минимизирует постоянные прерывания. Но это также резко увеличивает общее время нахождения на работе (по сравнению с реальным временем работы!). Они «приходят» днём только для того, чтобы весь день их «прерывали», а по-настоящему начинают работать, когда все уходят!

Их цель — максимально расчистить свой календарь, чтобы получить как можно больше больших непрерываемых отрезков времени.

Проблема

Создатели и менеджеры могут сосуществовать вместе. Проблемы начинаются только, когда они пытаются работать вместе. Когда менеджер пытается работать с создателем, не понимая, как работают создатели, это приводит к катастрофам продуктивности. Поскольку для менеджера слот времени стоит копейки *и* делает его продуктивнее, он логично считает, что у создателя всё так же. «Это же всего 30 минут, и ты сейчас свободен, в чём проблема?» Но это полная противоположность правде. Для создателя это стоит в 10 раз дороже. Короткая встреча стоит менеджеру один жалкий рабочий блок… а создателю целый гигантский блок.

Хуже того, когда менеджер просит создателя запланировать время для встречи, у создателя два ужасных варианта. Либо он отказывает, и обижает менеджера (и несёт другие риски). Часто это портит отношения или уменьшает шансы на будущую совместную работу (которая может быть нужна). Либо соглашается и платит неоправданно высокую цену за встречу, которая часто не даёт… ничего.

Менеджеры часто думают, что создатели могут работать как они — *по требованию*. Но это смешивает природу работы менеджера и создателя. И поскольку большинство людей работает по графику менеджеров, это приводит к огромным потерям продуктивности и работы очень поздним вечером или ранним утрам для создателя, который вынужден подстраиваться под чужое расписание, в основном из страха и вежливости.

Получается, что менеджеры часто мешают той самой работе, которую приходят проверять! И когда это происходит (а происходит часто), проигрывают оба. Менеджер страдает, потому что страдает создатель. Но это создаёт ловушку. Чем хуже результат создателя, *тем больше менеджер пытается его контролировать!* Двойной проигрыш.

К сожалению, именно так работает большая часть мира. Но есть способ лучше…

Решение

Мы решаем эту проблему с трёх сторон. Это компромиссное решение, которое подходит и менеджерам, и создателям, и всей организации.

Для менеджеров:

Шаг 1: Пойми, во что твои действия обходятся создателю, и по времени, и по концентрации.

Во-первых, «стоимость» согласования времени, пока они работают, уничтожает их продуктивность. А во-вторых, как только время назначено, пойми, что само это время съедает целый рабочий блок. Знай разницу между твоей работой и работой создателя. Когда ты просишь встречу, это стоит им в десять раз дороже. Ты используешь один из их десяти слотов в неделю. Я не говорю, что тебе не нужно встречаться со своими создателями. Просто если ты хочешь, чтобы работа была продуктивнее, <u>учитывай цену своих запросов</u>. И когда ты их делаешь, убедись, что **оно того стоит.**

Шаг 2: Пойми ценность «нет» от создателя.

Если создатель отказывается от встречи, не обижайся. Воспринимай это как его попытку выполнить более крупное обязательство перед тобой и другими — довести до конца важный проект.

Для создателей:

Шаг 1: Хорошие менеджеры ХОТЯТ ПОМОЧЬ ТЕБЕ. **Позволь им это сделать.**

Часть ответственности лежит на тебе. Тебе нужно понятно объяснить менеджерам, чем отличается твоя работа и твой график. Отправь им этот кусок текста, чтобы *помочь им тебе помочь.* И да, иногда тебе придётся соглашаться принимать встречи, которые сожрут весь день. Когда это происходит, используй их тактику — *переключайся на стиль календаря менеджера.*

У всех создателей есть административные задачи. И раз ты всё равно потерял большой кусок времени, ты можешь получить хорошую обратную связь, серьёзные победы и другие плюшки, если просто посвятишь весь этот кусок времени максимальному количеству встреч и других административных задач. Так ты спасёшь другие блоки времени в будущем от превращения в бесполезные.

Шаг 2: Создай блоки для встреч. И придерживайся их.

Кроме того, ты можешь иметь выделенные стандартные «слоты для встреч». И ты должен их защищать. Редко встреча бывает по-настоящему срочной. Посмотри, можно ли перенести их на заранее отведённые блоки. Сделай это время доступным для всех, кто встречается с тобой регулярно, и для людей, которые просят встретиться спонтанно.

Поскольку я предприниматель, мне нравится посвящать первую половину дня работе создателя, а вторую половину — работе менеджера. Поэтому люди *могут* встречаться со мной почти каждый день… просто *после* 13:00. Также я планирую встречи начиная с конца дня. То есть, если кто-то всё-таки попадает ко мне в календарь, это происходит как можно позже. Так я могу немного продлить свой блок создателя. И даже несмотря на то, что включается эффект Зейгарника, я всё равно успеваю сделать немного больше, чем сделал бы в противном случае.

Шаг 3: Задай ожидания медленных ответов во время работы создателя.

Люди удивительно хорошо адаптируются, если предупредить их заранее. Обычно они злятся только тогда, когда ты не оправдываешь их ожидания. Значит *измени их!* Дай всем знать, что ты работаешь именно так, и когда ты будешь отвечать, а когда нет.

Шаг 4: Работай, когда говоришь, что работаешь.

Ты имеешь право называться «создателем» только если действительно что-то создаёшь. Иначе ты дурак и делаешь дураками всех, кто называет себя создателем.

Если тебе повезло, и окружающие уважают твой график работы, ты обязан использовать это время по назначению. Если начнёшь его тратить впустую, ты лишь подтвердишь все их подозрения. Они решат, что ты вообще никогда и не работал. Этим ты подорвёшь свою репутацию *и репутацию всех других создателей*. В будущем тебе будет сложнее заслужить уважение к своей работе и своему слову.

Полезный совет: Как применять это фрилансерам или начинающим предпринимателям

Никто не знает твой ритм работы и не подстраивается под твой календарь. Никто не знает, как ты работаешь и почему. Когда у меня было мало ресурсов, я работал с 4 утра до 10 утра над «созидательной» работой, а потом весь день тушил обычные бизнес-пожары. Это давало мне девять рабочих блоков. Один в будни и два по выходным. Возможно, тебе придётся перенять похожий график. Так я пережил первые годы. Кроме того, ты можешь разослать этот кусок текста всем, с кем ты работаешь, и это может быть хорошим промежуточным решением.

Для организации:

Шаг 1: Введи обязательные периоды «тишины».

В эти периоды вся команда не имеет права писать друг другу и проводить встречи. Это может быть один блок каждый день или какие-то дни в неделю. Не нужно вводить это для всей компании, только для отделов с создателями. Инженеры. Разработчики. Дизайнеры. Копирайтеры. Монтажёры. И т.д.

Шаг 2: Распространи этот текст среди создателей и менеджеров, чтобы все говорили на одном языке о самом большом источнике потери времени… и могли его предотвратить!

Моя цель — повысить осведомлённость о двух стилях работы и рассказать о том, что мучило меня долгие годы. И, я надеюсь помочь создателям по всему миру, чья работа двигает мир вперёд. Чтобы они могли поделиться этим с людьми, с которыми работают, и наконец объяснить, насколько дорого на самом деле стоит простой вопрос «есть минутка?».

БЕСПЛАТНЫЕ ПОДАРКИ

Мой подарок тебе за то, что ты прошёл этот путь со мной.

Типа как «сцены за кадром» после титров в кино, если ты ещё здесь. Я хочу подарить тебе несколько полезных штук.

1) **Если хочешь бесплатное обучение по всем концепциям из серии $100МЛН** ($100МЛН Офферы, $100МЛН Лиды, $100МЛН Модели Продаж), просто зайди на acquisition.com/training. Это мой подарок.

2) **Если прибыль (EBITDA) твоей компании** превышает 1 миллион долларов, мы с удовольствием поможем тебе с масштабированием. Мне доставляет огромное удовольствие осознавать, что некоторые компании выросли гораздо больше и быстрее, чем моя, *потому что они избежали ошибок, которые я совершил.* Если ты хочешь, чтобы мы проанализировали ситуацию и определили, можем ли мы тебе помочь, посети сайт **Acquisition.com**.

3) **Если ты хочешь работать в Acquisition.com** или в одной из наших компаний, мы с удовольствием нанимаем из #mozination. Наши лучшие доходы приходят от инвестиций в талантливых людей. Перейди на **Acquisition.com/careers/open-jobs,** где ты сможешь увидеть все открытые вакансии.

4) **Если тебе проще учиться на слух,** мой подкаст на момент написания этой книги входит в топ-5 по предпринимательству и топ-15 по бизнесу в США. Ты можешь найти его, введя «Alex Hormozi» в поисковой строке любого сервиса для прослушивания подкастов. Или перейдя по ссылке **Acquisition.com/podcast**. Я делюсь полезными и интересными историями, ценными уроками и основными ментальными моделями, на которые я полагаюсь каждый день.

И, в завершении, ещё раз спасибо. Пожалуйста, будь одним из тех, кто отдаёт, и **поделись этим с другими предпринимателями, оставив отзыв.** Для меня это будет очень важно. Я посылаю тебе энергию для развития бизнеса со своего рабочего стола. Я провожу там много времени, так что энергии будет много.

Будь тем, кого никто не ждал.

Алекс Хормози, основатель Acquisition.com